# LA BIBLE OFFICIELLE du cookeo

# LA BIBLE OFFICIELLE du cookeo

Moulinex®

La CUISINE de D&T

Moulinex
cookeo +
connect
BON APPETIT !
MAINTIEN AU CHAUD
00:00
BLANQUETTE DE VEAU
ok

# La révolution dans votre cuisine avec le multicuiseur intelligent Cookeo !

En panne d'idées pour préparer de bons petits plats qui régaleront toute la tribu ? Envie de vous faire plaisir avec de la cuisine maison, mais pas assez de temps pour passer des heures derrière les fourneaux ? Marre de devoir courir partout pour trouver des ingrédients farfelus lorsque vous décidez avec courage de vous lancer dans une recette ? Une seule solution : engager un assistant culinaire. Et ça tombe bien, nous avons quelqu'un à vous présenter : le multicuiseur Cookeo !

Dès aujourd'hui, simplifiez-vous la vie grâce à lui. Intelligent et polyvalent, il va devenir votre nouvel indispensable en cuisine. Très simple d'utilisation grâce à son écran intuitif, il vous permettra de cuire en mode vapeur, sous pression ou encore classique, grâce à ses trois niveaux de température: doux (mijoter), moyen et fort (dorer). Vous pourrez également y faire réchauffer vos plats, ou encore les maintenir au chaud jusqu'à 1 h 30 après la fin de la cuisson ! Très autonome, ses programmes vont également vous permettre de ne pas avoir à surveiller la cuisson de vos plats. Finie l'angoisse du rôti qui brûle ou de la sauce qui accroche : votre nouvel allié s'occupe de tout !

Et quid de l'inspiration nous direz-vous ? C'est bien simple : vous tenez entre vos mains ce qui va devenir votre nouvelle référence culinaire. Suivez le guide et découvrez 200 recettes gourmandes et faciles à réaliser, spécialement conçues pour votre Cookeo. Dès à présent, régalez-vous à toute occasion : du déjeuner de semaine au repas de famille du dimanche, en passant par le goûter des vacances et le dîner entre amis, nous avons tout prévu pour que vos repas riment désormais avec plaisir, et sans contrainte !

Constituez plus facilement vos menus selon vos envies et votre régime alimentaire grâce aux fanions colorés présents sur chaque recette. Elles vous indiqueront par exemple si le plat est sans gluten, light, rapide à préparer ou s'il fera de vous l'idole de vos enfants.

*C'est promis, vous n'allez plus pouvoir vous passer de lui !*

# Quelques conseils pour profiter au maximum de votre nouvel allié :

- **Lisez attentivement la notice avant de vous lancer !** En effet, elle vous permettra de vous familiariser avec votre Cookeo en apprenant à le démonter, le nettoyer et surtout le programmer, pour vous faire gagner encore plus de temps au moment de la préparation de vos plats.

- **Essayez de trouver une place de choix à votre Cookeo dans votre cuisine**, sur une table ou un plan de travail, pour toujours l'avoir à portée de main. Rangé dans un placard, vous risquez de moins penser à vous en servir… ce qui serait dommage, non ?

- **Attention aux coups de pression !** Lorsque la cuisson sous pression est terminée, l'appareil relâche de la vapeur. Assurez-vous toujours que la pression intérieure est retombée (plus d'échappement de vapeur par la valve silencieuse et voyant rouge qui clignote) avant de tenter d'ouvrir le couvercle (bien sûr, ne tentez jamais de l'ouvrir de force !)

- **Pensez à utiliser un film alimentaire résistant à la chaleur** pour faire cuire un gâteau à la vapeur, par exemple. Autrement, gare au plat saveur « plastique fondu »… pas très digeste !

- **Pourquoi ne pas investir dans le moule à gâteau Cookeo ?** Il vous sera particulièrement utile pour préparer fondant au chocolat et autres pâtisseries, mais pourra aussi vous servir à réaliser en toute simplicité des recettes salées comme une terrine de viande ou encore une frittata aux légumes.

- **Adaptez les recettes à vos envies !** Une fois que vous aurez l'appareil bien en main, n'hésitez pas à modifier les préparations selon vos goûts ! Remplacez l'eau de cuisson par du bouillon, ajoutez les épices et herbes de votre choix, adoucissez les sauces avec un peu de crème liquide ou relevez-les avec un condiment épicé… Bref, amusez-vous et régalez-vous !

# SOMMAIRE

Préparation
Repos - Marinade
Cuisson
Réfrigération
Prix

# APÉRITIFS, ENTRÉES & SOUPES

INGRÉDIENTS

300 g de carotte

100 g de patate douce

2 gousses d'ail
1 c. à c. de harissa

1 c. à s. de cumin moulu

Basilic frais

1 poignée d'amandes
Le jus de 1/2 citron

# CAVIAR DE CAROTTE AU CUMIN

**4 PERSONNES**

10 MIN 10 MIN

€

EXPRESS

LIGHT

**1.** Dans le Cookeo sur le **mode dorer**, faites revenir les légumes coupés en morceaux avec l'ail haché, la harissa et le cumin. Couvrez à moitié d'eau, salez, poivrez et lancez le **mode sous pression** pour 10 minutes.

**2.** Égouttez et mixez les légumes avec un peu de l'eau de cuisson pour obtenir une texture lisse.

**3.** Ajoutez quelques feuilles de basilic, des amandes concassées et le jus de citron au moment de servir.

# CAVIAR D'AUBERGINE À L'INDIENNE

## INGRÉDIENTS

1 oignon

4 tomates
3 gousses d'ail

4 cm de gingembre frais

2 petites aubergines

15 cl de coulis de tomate

1 c. à s. de mélange d'épices indiennes

Coriandre fraîche
Toasts de pain grillé
Tartines de divers pains
5 c. à s. d'huile d'olive

**4 PERSONNES**

5 MIN 20 MIN

€

EXPRESS

LIGHT

TOUR DU MONDE

**1.** Dans le Cookeo sur le **mode dorer,** faites revenir dans l'huile l'oignon ciselé, les tomates coupées en cubes, l'ail haché et le gingembre frais râpé. Après 2 minutes de cuisson, vous obtenez la consistance d'une pâte.

**2.** Ajoutez les aubergines coupées en petits cubes, faites revenir rapidement et ajoutez le coulis et les épices.

**3.** Versez 20 cl d'eau dans la cuve et enclenchez le **mode sous pression** pour 15 minutes.

**4.** Agrémentez avec de la coriandre hachée et servez avec des toasts et pains divers.

*Astuce : ce caviar est inspiré du* baingan bharta, *une préparation traditionnelle dans laquelle les aubergines sont normalement grillées à la flamme, ce qui donne au plat un goût typique.*

INGRÉDIENTS

# HOUMOUS ÉPINARD-FETA

40 g de pignons de pin

200 g de pousses d'épinard

170 g de pois chiches cuits

1 c. à s. de tahin
1 c. à s. d'huile d'olive

80 g de feta

Crackers

**4 PERSONNES**

10 MIN 6 MIN

€

EXPRESS

SANS GLUTEN

**1.** Dans le Cookeo sur le **mode dorer,** torréfiez les pignons à sec.

**2.** Placez les pousses d'épinard dans le panier du Cookeo et versez 20 cl d'eau dans la cuve. Lancez le **mode sous pression** pour 4 minutes.

**3.** Mixez avec les pois chiches, le tahin et l'huile, puis servez avec les pignons, quelques morceaux de feta et des crackers.

PICKLES DE CRUDITÉS

# KTIPITI GREC

## INGRÉDIENTS

2 c. à s. d'huile d'olive

1 oignon

2 gousses d'ail

500 g de poivrons rouges

1 c. à c. de paprika

3 c. à s. de yaourt à la grecque

160 g de feta
5 biscottes
Toasts de pain grillé
Menthe fraîche
Quelques câpres

**4 PERSONNES**

**10 MIN** **10 MIN**

**€**

**EXPRESS**

**LIGHT**

**TOUR DU MONDE**

**1.** Dans le Cookeo sur le **mode dorer**, faites revenir dans l'huile l'oignon ciselé, puis ajoutez l'ail haché et les poivrons coupés en morceaux.

**2.** Faites revenir l'ensemble pendant 5 minutes, puis versez 20 cl d'eau ainsi que le paprika et programmez le **mode sous pression** pour 5 minutes.

**3.** Égouttez bien et mixez les légumes avec le yaourt, la feta et les biscottes écrasées.

**4.** Servez avec des toasts, un peu de menthe fraîche et quelques câpres.

# PICKLES DE CRUDITÉS

## 4 PERSONNES

15 MIN · 5 MIN · 12 H

€

EXPRESS

SANS GLUTEN

**1.** Dans le Cookeo sur le **mode dorer,** réalisez le mélange à pickles en portant le sucre, le vinaigre et 60 cl d'eau à ébullition.

**2.** Tranchez le concombre et le fenouil en lamelles, coupez les radis et les raisins en deux ou en quatre et détaillez le chou-fleur.

**3.** Versez le mélange au vinaigre sur les légumes disposés dans des bocaux. Ajoutez le poivre, les baies et les aromates, puis placez au réfrigérateur pendant 1 nuit au minimum.

*Astuce : ces bocaux se conservent environ 2 semaines. N'hésitez pas à varier les baies, les épices et les aromates.*

## INGRÉDIENTS

300 g de sucre en poudre
150 g de vinaigre blanc

1 petit concombre

1 fenouil

1/2 botte de radis roses

1 petite grappe de raisins

1/2 chou-fleur
Grains de poivre entiers

Baies roses
Baies de genièvre
Aneth frais
Marjolaine fraîche

## INGRÉDIENTS

400 g de saumon sans arêtes

Aneth frais

Ciboulette fraîche

1 c. à s. de baies roses

200 g de fromage frais

3 c. à s. de crème fraîche épaisse

Toasts de pain grillé

1 citron

# RILLETTES DE SAUMON ANETH-CITRON

**4 PERSONNES**

5 MIN 5 MIN

€€

EXPRESS

RECETTE WAOUH

GRAND CLASSIQUE

**1.** Assaisonnez le saumon et placez-le dans le panier-vapeur du Cookeo recouvert de papier cuisson. Versez 20 cl d'eau dans la cuve et lancez le **mode sous pression** pour 5 minutes.

**2.** Hachez les herbes et les baies.

**3.** Retirez la peau du poisson et émiettez-le. Mélangez la chair avec le fromage frais et la crème.

**4.** Servez sur des toasts avec quelques quartiers de citron, et parsemé d'un peu d'aneth frais.

Moulinex

## INGRÉDIENTS

300 g de blancs de poulet

50 g de bacon

10 cl de porto

80 g de pistaches décortiquées

250 g de farce pour légumes

2 œufs

2 c. à s. de persil frais ciselé

1 c. à s. de ciboulette fraîche ciselée

# TERRINE DE VIANDE À LA PISTACHE

**4 PERSONNES**

15 MIN · 2 H · 25 MIN

€

**GRAND CLASSIQUE**

**SANS GLUTEN**

**1.** Coupez les blancs de poulet en petits morceaux et le bacon en allumettes. Mettez les blancs de poulet dans un saladier avec le porto et réservez pendant 2 heures au réfrigérateur.

**2.** Mélangez le poulet, le bacon et la farce avec les pistaches, les œufs, les herbes et assaisonnez. Déposez la préparation dans un moule en tassant avec le dos d'une cuillère et recouvrez de papier cuisson. Déposez le moule dans le panier-vapeur du Cookeo.

**3.** Lancez le **mode sous pression** pour 25 minutes avec 30 cl d'eau dans la cuve. À la fin de la cuisson, ouvrez l'appareil et laissez totalement refroidir. Réservez au réfrigérateur jusqu'au moment de servir.

# FOIE GRAS MI-CUIT EN TERRINE

INGRÉDIENTS

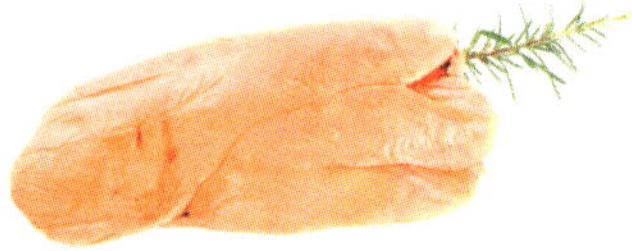

1 foie gras déveiné

6 c. à s. de vin doux

1 c. à c. de fleur de sel

1/2 c. à c. de poivre aux cinq baies moulu

**4 PERSONNES**

10 MIN · 2 x 24 H
2 H · 7 MIN
€€€

RECETTE WAOUH

SANS GLUTEN

**1.** Salez et poivrez le foie, mettez-le dans un saladier et arrosez-le avec le vin. Laissez mariner au réfrigérateur pendant 2 heures.

**2.** Égouttez et épongez le foie puis mettez-le bien serré dans une petite terrine. Couvrez la terrine de film alimentaire spécial cuisson et déposez-la dans le panier-vapeur du Cookeo. Lancez le **mode sous pression** pour 7 minutes avec 20 cl d'eau dans la cuve.

**3.** Sortez la terrine et percez le film dans deux angles opposés. Versez doucement le gras dans un bol et laissez refroidir le tout.

**4.** Déposez un rectangle de carton sur la terrine filmée, placez un poids dessus (une petite boîte de conserve couchée, par exemple) et mettez au réfrigérateur pour 24 heures.

**5.** Retirez le film, faites fondre la graisse et versez-la sur la terrine. Fermez avec le couvercle et attendez au moins 24 heures de plus pour déguster.

*Astuce : faites mariner le foie en remplaçant le vin par 1 cuillerée à café de zeste d'orange non traitée, mixée avec 1 cuillerée à café de fleur de sel et 1 cuillerée à café de poivre du Sichuan.*

## INGRÉDIENTS

1 oignon

1 poivron rouge

400 g de viande de veau hachée

100 g de chair à saucisse

1 œuf
Marjolaine
Graines de sésame doré

1 brique de crème coco
Coriandre fraîche
Oignons nouveaux

# BOULETTES DE VEAU AU SÉSAME, SAUCE COCO

**4 PERSONNES**

10 MIN — 8 MIN

€€

EXPRESS

TOUR DU MONDE

**1.** Dans le Cookeo sur le **mode dorer,** faites revenir l'oignon ciselé avec le poivron coupé en tout petits cubes pendant 3 minutes.

**2.** Mélangez la moitié des légumes cuits avec les viandes, l'œuf et la marjolaine ciselée, puis formez des boulettes. Enrobez-les de graines de sésame et placez-les dans le panier-vapeur du Cookeo recouvert de papier cuisson. Versez 20 cl d'eau dans la cuve et lancez le **mode sous pression** pour 5 minutes.

**3.** Mélangez la crème de coco avec le reste des légumes cuits, un peu de coriandre et quelques oignons nouveaux ciselés.

**4.** Servez les boulettes avec la sauce coco.

*Astuce : verser de l'eau chaude dans la cuve du Cookeo accélère le préchauffage.*

## INGRÉDIENTS

500 g de filets de poulet

1 oignon blanc

2 c. à s. de sauce soja

1 c. à c. de gingembre en poudre

1 c. à s. de farine

1 c. à c. de sucre en poudre

1 œuf

Sauce yakitori

Piques en bois

# YAKITORIS DE POULET

**4 PERSONNES**

10 MIN · 8 MIN

€

EXPRESS

SPÉCIAL KIDS

TOUR DU MONDE

**1.** Hachez le poulet à l'aide d'un mixeur. Ajoutez l'oignon ciselé, la sauce soja, le gingembre, la farine, le sucre et l'œuf dans le bol, puis mixez de nouveau. Formez des boulettes entre les mains et piquez-les par trois sur des piques à brochette.

**2.** Enrobez-les de sauce yakitori, puis placez-les dans le panier-vapeur du Cookeo recouvert d'une feuille de papier cuisson. Lancez le **mode sous pression** pour 4 minutes.

**3.** Passez sur le **mode dorer** et faites colorer rapidement les brochettes dans l'huile. Nappez de sauce yakitori et laissez caraméliser pendant 2 minutes avant de servir.

**Astuces** : *se mouiller les mains évite que la farce accroche. Pour une sauce yakitori maison portez à ébullition 5 cl de sauce soja avec 3 cuillerées à soupe de saké et 3 cuillerées à soupe de sucre en poudre.*

## INGRÉDIENTS

50 g de miel

50 g de sauce soja sucrée
1 c. à s. d'ail semoule

3 cm de gingembre frais

500 g de crevettes décortiquées crues

1 gros ananas
2 c. à s. d'huile d'olive

2 citrons verts

# BROCHETTES CREVETTES-ANANAS

**4 PERSONNES**

10 MIN · 3 MIN · 15 MIN

€

EXPRESS

TOUR DU MONDE

**1.** Mélangez le miel, la sauce soja, l'ail et le gingembre frais râpé dans un grand bol et plongez-y les crevettes. Laissez mariner pendant 15 minutes au réfrigérateur.

**2.** Pelez l'ananas et coupez-le en cubes.

**3.** Piquez les crevettes égouttées sur des piques en bois, en alternant avec des morceaux d'ananas.

**4.** Dans le Cookeo sur le **mode dorer,** faites chauffer l'huile. Faites-y colorer les brochettes pendant 2 à 3 minutes en arrosant de marinade pour bien les laquer. Servez avec des quartiers de citron.

# GALETTES DE POMME DE TERRE AUX PETITS POIS

**4 PERSONNES**

15 MIN · 18 MIN · 15 MIN

€

SANS GLUTEN

SPÉCIAL KIDS

## INGRÉDIENTS

600 g de pommes de terre

200 g de petits pois

1 œuf

15 g de fécule de pomme de terre

Menthe fraîche

60 g de pistaches

**1.** Pelez les pommes de terre, puis coupez la moitié en morceaux. Placez ces morceaux dans le panier-vapeur du Cookeo. Versez 20 cl d'eau et lancez le **mode sous pression** pour 10 minutes.

**2.** Râpez finement les pommes de terre crues et placez-les dans un torchon propre. Essorez fortement pour retirer un maximum d'eau. Égouttez les pommes de terre cuites et placez les petits pois dans le panier-vapeur du Cookeo. Lancez le **mode sous pression** pour 3 minutes.

**3.** Réalisez un écrasé avec les pommes de terre cuites et ajoutez les crues. Incorporez l'œuf, la fécule, la menthe et les pistaches hachées, puis salez. Ajoutez les petits pois bien égouttés et placez au congélateur pendant 15 minutes.

**4.** Formez des galettes ou bien répartissez la pâte dans des moules et placez dans le panier-vapeur. Versez 20 cl d'eau dans la cuve du Cookeo et lancez le **mode sous pression** pour 5 minutes.

*Astuces : n'hésitez pas à utiliser un robot pour râper les pommes de terre, en choisissant une lame fine. S'il vous reste des galettes, vous pourrez les faire revenir dans un peu de beurre, elles seront délicieuses en accompagnement !*

Moulinex

## INGRÉDIENTS

4 c. à s. de crème fraîche

4 c. à s. de lardons fumés

4 gros œufs

4 pincées de gruyère râpé

# ŒUFS COCOTTE AUX LARDONS

**4 PERSONNES**

5 MIN · 3 MIN

€

EXPRESS

SANS GLUTEN

SPÉCIAL KIDS

**1.** Répartissez la crème et les lardons dans des ramequins. Cassez-y les œufs, parsemez le gruyère et assaisonnez.

**2.** Déposez le panier-vapeur du Cookeo dans la cuve. Déposez dans le panier les ramequins et couvrez-les avec du papier cuisson.

**3.** Versez 20 cl d'eau dans la cuve et lancez le **mode sous pression** pour 3 minutes.

## INGRÉDIENTS

3 petites courgettes

2 c. à s. d'huile d'olive

1 gousse d'ail écrasée

Le jus et le zeste
de 1/2 citron bio

1 c. à s. de pignons de pin

1/2 botte de basilic ciselé

# SALADE TIÈDE DE COURGETTE AU BASILIC

**4 PERSONNES**

5 MIN 5 MIN

€

EXPRESS

LIGHT

SANS GLUTEN

**1.** Taillez les courgettes en longues lanières avec une mandoline ou un économe.

**2.** Dans le Cookeo sur le **mode dorer,** faites revenir les courgettes dans l'huile d'olive avec l'ail et le zeste de citron pendant 3 minutes. Ajoutez les pignons de pin et faites revenir pendant 2 minutes. Salez, poivrez et arrosez avec le jus de citron.

**3.** Au moment de servir, ajoutez le basilic et mélangez délicatement.

OPINEL
SAVOIE · FRANCE
OPINEL
INOX

INGRÉDIENTS

400 g de pommes de terre
2 c. à s. d'huile d'olive

3 c. à c. de vin blanc sec

1 c. à c. de moutarde

100 g de filets de hareng fumé

2 échalotes émincées

100 g de roquette
1/2 botte de persil ciselé

# SALADE DE POMMES DE TERRE ET HARENGS

**4 PERSONNES**

15 MIN – 6 MIN

€

EXPRESS

SANS GLUTEN

**1.** Pelez et coupez les pommes de terre en rondelles de 1 cm de large. Mettez-les dans le panier-vapeur du Cookeo avec 20 cl d'eau versés dans la cuve. Programmez le **mode sous pression** pour 6 minutes. Laissez les pommes de terre refroidir.

**2.** Dans un saladier, mélangez l'huile, le vin blanc, la moutarde, le sel et le poivre.

**3.** Dans une assiette de service, disposez quelques rondelles de pommes de terre, le hareng coupé en lanières, les échalotes et la roquette. Versez la sauce par-dessus et parsemez de persil ciselé.

## INGRÉDIENTS

1 oignon rouge

2 brocolis
1 c. à s. de jus de citron
1 c. à s. de sauce soja
1 c. à c. de moutarde
3 c. à s. d'huile de noix

1 c. à s. de graines de sarrasin grillées

1 c. à s. de graines de sésame

1 c. à s. de graines de pavot

1/2 bouquet de coriandre ciselée

# SALADE DE BROCOLIS AUX GRAINES

**4 PERSONNES**

10 MIN · 5 MIN

€

EXPRESS

LIGHT

**1.** Épluchez l'oignon et coupez-le en lamelles. Détachez les fleurs de brocolis. Dans le Cookeo sur le **mode dorer,** faites revenir les oignons avec le brocoli pendant 5 minutes.

**2.** Préparez la sauce en mélangeant le jus de citron, la sauce soja, la moutarde et l'huile de noix. Salez et poivrez.

**3.** Déposez dans un saladier les brocolis et les oignons. Arrosez avec la sauce, mélangez puis parsemez des graines et de coriandre.

# SALADE DE CHOU-FLEUR RÔTI AU CÉLERI

**4 PERSONNES**

15 MIN · 30 MIN

€

EXPRESS

LIGHT

SANS GLUTEN

## INGRÉDIENTS

1 chou-fleur (600 g)

5 c. à s. d'huile d'olive

30 g de noisettes décortiquées

1/2 grenade (facultatif)

1 branche de céleri

1 c. à s. de vinaigre de Xérès

1/2 c. à c. de quatre-épices

1/2 c. à c. de cannelle en poudre

Quelques brins de persil plat

**1.** Séparez le chou-fleur en petits bouquets. Mélangez-les avec l'huile d'olive. Salez et poivrez. Dans le Cookeo sur le **mode dorer,** faites cuire le chou-fleur pendant 15 minutes en remuant bien.

**2.** Éparpillez les noisettes sur une plaque allant au four, recouverte de papier cuisson. Enfournez pour 15 minutes dans un four à 180 °C (th. 6). Laissez tiédir, puis concassez les noisettes grossièrement. Mélangez-les avec le chou-fleur.

**3.** Récupérez les graines de la grenade si vous en utilisez, et mélangez-les avec le chou-fleur et les noisettes. Coupez la branche de céleri en petits cubes et ajoutez-les au mélange précédent.

**4.** Assaisonnez avec le reste d'huile, le vinaigre, le quatre-épices et la cannelle. Mélangez. Salez et poivrez. Parsemez le persil ciselé.

SALADE DE POIS CHICHES ET FENOUIL

SALADE MECHOUIA

**INGRÉDIENTS**

2 bulbes de fenouil

400 g de pois chiches cuits

3 c. à s. d'huile d'olive

1 c. à c. de graines de coriandre écrasées

1 c. à c. de gingembre en poudre

1 c. à c. de graines de fenouil

2 gousses d'ail émincées

1/2 botte de persil plat émincé

1 c. à s. de pignons de pin torréfiés

# SALADE DE POIS CHICHES ET FENOUIL

**4 PERSONNES**

10 MIN 10 MIN

€

EXPRESS

LIGHT

SANS GLUTEN

**1.** Coupez le fenouil en lamelles. Mélangez les pois chiches avec l'huile d'olive, la coriandre, le gingembre et les graines de fenouil. Versez dans la cuve du Cookeo avec les lamelles de fenouil et l'ail. Salez, poivrez puis versez un petit fond d'eau.

**2.** Dans le Cookeo sur le **mode dorer,** faites cuire l'ensemble pendant 10 minutes en remuant bien.

**3.** Laissez refroidir, puis parsemez de persil et de pignons de pin au moment de servir.

# SALADE MECHOUIA

**4 PERSONNES**

15 MIN — 12 MIN

€

EXPRESS

LIGHT

SANS GLUTEN

TOUR DU MONDE

**1.** Mettez les poivrons entiers dans le panier-vapeur du Cookeo avec 20 cl d'eau versés dans la cuve. Programmez le **mode sous pression** pour 5 minutes.

**2.** Pendant ce temps, épluchez et retirez les pépins des tomates. Coupez-les en tout petits cubes.

**3.** Épluchez les poivrons cuits, retirez les graines et coupez-les en petites lanières. Dans le Cookeo sur le **mode dorer,** faites revenir les tomates et les poivrons avec l'huile d'olive. Ajoutez les épices. Faites cuire environ 5 minutes en remuant bien. Salez et poivrez.

**4.** Arrosez avec le jus de citron. Servez accompagné d'olives noires.

## INGRÉDIENTS

2 poivrons rouges

2 poivrons verts

4 tomates

2 c. à s. d'huile d'olive

1/2 c. à c. de cumin

1 pincée de piment de Cayenne

1 c. à s. de jus de citron

Quelques olives noires dénoyautées

INGRÉDIENTS

2 c. à s. d'huile d'olive

2 oignons

800 g de tomates

1 bouquet de basilic

# VELOUTÉ DE TOMATES AU BASILIC

**4 PERSONNES**

10 MIN 12 MIN

€

EXPRESS

SANS GLUTEN

SPÉCIAL KIDS

**1.** Dans le Cookeo sur le **mode dorer,** faites revenir dans l'huile les oignons émincés pendant 4 minutes.

**2.** Ajoutez les tomates coupées en rondelles et le basilic haché puis remuez pendant 1 minute. Couvrez avec 80 cl d'eau et assaisonnez.

**3.** Lancez le **mode sous pression** pour 7 minutes. À la fin de la cuisson, mixez l'ensemble.

**4.** Au moment de servir, arrosez de 1 filet d'huile d'olive et parsemez de basilic haché.

# VELOUTÉ DE POTIRON AU PARMESAN

**4 PERSONNES**

10 MIN 10 MIN

€

EXPRESS

SPÉCIAL KIDS

## INGRÉDIENTS

800 g de cubes de potiron surgelés

25 cl de lait

1 gousse d'ail

1 clou de girofle

1 brin de thym frais

30 g de vermicelles

1 pincée de noix de muscade

**1.** Déposez dans la cuve du Cookeo le lait, le potiron, l'ail, le clou de girofle et le thym. Salez et poivrez. Programmez le **mode sous pression** pour 8 minutes.

**2.** Retirez la gousse d'ail, le thym et le clou de girofle. Mixez le reste à l'aide d'un mixeur plongeant. Ajoutez les vermicelles. Mettez à nouveau le Cookeo en **mode sous pression** pour 2 minutes.

**3.** Versez le velouté dans 4 assiettes creuses et saupoudrez la noix de muscade.

# CRÈME DE CAROTTE AU QUINOA

## INGRÉDIENTS

2 c. à s. d'huile d'olive

1 oignon

600 g de carottes

50 g de quinoa

1/2 c. à c. de cumin en poudre

1 l de bouillon de légumes
Crème liquide

**4 PERSONNES**

**10 MIN** **11 MIN**

**€**

EXPRESS

LIGHT

SANS GLUTEN

**1.** Dans le Cookeo sur le **mode dorer,** faites revenir dans l'huile l'oignon émincé pendant 3 minutes.

**2.** Ajoutez les carottes coupées en rondelles, le quinoa, le cumin et remuez quelques instants. Couvrez de bouillon et assaisonnez.

**3.** Lancez le **mode sous pression** pour 8 minutes. Mixez l'ensemble.

**4.** Arrosez d'un peu de crème au moment de servir.

## INGRÉDIENTS

1 oignon émincé
Huile d'olive

1/2 chorizo doux

5 tomates

1 c. à s. de concentré de tomate

75 cl de bouillon de volaille

1 pincée de piment d'Espelette

Quelques feuilles de basilic frais

# SOUPE DE TOMATES AU CHORIZO

**4 PERSONNES**

10 MIN 20 MIN

€

EXPRESS

SANS GLUTEN

**1.** Dans le Cookeo sur le **mode dorer**, faites revenir l'oignon dans un peu d'huile d'olive pendant 5 minutes. Ajoutez le chorizo pelé et coupé en petits cubes. Poursuivez la cuisson pendant 5 minutes.

**2.** Ajoutez les tomates pelées et coupées en dés ainsi que le concentré de tomate. Mélangez pendant quelques minutes.

**3.** Versez le bouillon. Salez, poivrez et saupoudrez de piment. Programmez le **mode sous pression** pour 10 minutes.

**4.** Mixez la préparation. Parsemez la soupe de basilic ciselé au moment de servir.

*Astuce : s'il vous reste un peu de chorizo, coupez-le en petits cubes, faites-les griller à la poêle et parsemez-en les bols.*

Moulinex
cookeo

INGRÉDIENTS

450 g d'épinards hachés surgelés

3 pommes de terre

30 g de fromage aux herbes

50 g de pignons de pin

# VELOUTÉ AUX ÉPINARDS ET PIGNONS DE PIN

**4 PERSONNES**

10 MIN 10 MIN

€

EXPRESS

LIGHT

SANS GLUTEN

**1.** Déposez les épinards et les pommes de terre coupées en morceaux dans la cuve du Cookeo. Couvrez avec 80 cl d'eau et assaisonnez. Lancez le **mode sous pression** pour 10 minutes.

**2.** Mixez les légumes avec le fromage. Servez le velouté parsemé de pignons de pin.

## INGRÉDIENTS

1 kg de fèves fraîches

1 carotte

1 branche de céleri

150 g de lardons nature ou fumés

70 g d'orge perlé

1 oignon

1 l de bouillon de volaille

# SOUPE AUX FÈVES

**4 PERSONNES**

15 MIN 25 MIN

€

GRAND CLASSIQUE

LIGHT

**1.** Écossez les fèves puis faites-les blanchir pendant 1 minute dans de l'eau bouillante. Rafraîchissez-les puis retirez la peau. Pelez et hachez l'oignon. Pelez la carotte. Coupez-la en petits cubes ainsi que le céleri.

**2.** Dans le Cookeo sur le **mode dorer,** faites revenir les lardons, l'oignon, les cubes de carotte et de céleri pendant 5 minutes. Ajoutez le bouillon et l'orge. Lancez le **mode sous pression** pour 15 minutes avec 30 cl d'eau dans la cuve.

**3.** Ajoutez les fèves puis lancez le **mode maintien au chaud** pour 5 minutes, juste le temps de les réchauffer. Salez si nécessaire et poivrez.

*Astuces : parsemez de cerfeuil ou de persil au moment de servir. Vous pouvez aussi ajouter une petite boîte de maïs en même temps que les fèves, pour une soupe plus colorée !*

## INGRÉDIENTS

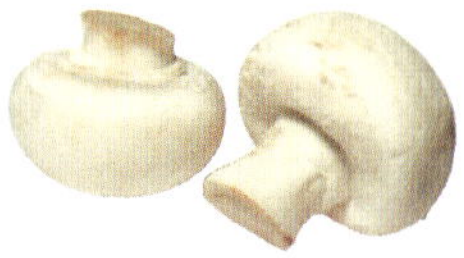

600 g de champignons de Paris

25 g de beurre

1 oignon

3 c. à soupe de persillade

1 c. à soupe de farine

40 cl de lait

Quelques brins de ciboulette

Huile d'olive

# CRÈME DE CHAMPIGNONS

**4 PERSONNES**

**10 MIN** **12 MIN**

**€**

**EXPRESS**

**GRAND CLASSIQUE**

**1.** Retirez le pied des champignons et coupez-les en trois. Dans le Cookeo sur le **mode dorer,** faites revenir dans le beurre l'oignon émincé et la persillade pendant 5 minutes.

**2.** Ajoutez la farine en remuant jusqu'à ce que le mélange blondisse. Ajoutez les champignons, le lait et 25 cl d'eau, assaisonnez et mélangez. Lancez le **mode sous pression** pour 7 min

**3.** À la fin de la cuisson, ouvrez l'appareil et mixez. Au moment de servir, arrosez d'un filet d'huile d'olive et parsemez de ciboulette ciselée.

INGRÉDIENTS

4 gros oignons émincés

Quelques noix de beurre

3 c. à s. de sucre en poudre

1 c. à s. de farine

50 cl de bouillon
de légumes

Quelques croûtons

Comté râpé

# SOUPE À L'OIGNON ET AU COMTÉ

**4 PERSONNES**

**10 MIN** **12 MIN**

**€**

EXPRESS

GRAND CLASSIQUE

**1.** Dans le Cookeo sur le **mode dorer,** faites revenir les oignons dans le beurre et le sucre pendant 10 minutes.

**2.** Versez la farine et le bouillon. Salez, poivrez. Programmez le **mode sous pression** pour 10 minutes.

**3.** Servez la soupe accompagnée de quelques croûtons et de comté râpé.

# SOUPE AU CHOU ROMANESCO
## ET SAUMON FUMÉ

**INGRÉDIENTS**

1/2 chou romanesco

1 pomme de terre

100 g de mimolette

150 g de dés de saumon fumé

2 c. à s. de ciboulette fraîche ciselée

30 cl de lait

10 cl de crème liquide entière

**4 PERSONNES**

5 MIN 10 MIN

€€

EXPRESS

RECETTE WAOUH

SANS GLUTEN

**1.** Séparez le chou en fleurettes. Pelez et coupez la pomme de terre en dés. Râpez le fromage.

**2.** Déposez dans la cuve du Cookeo le chou, la pomme de terre, le lait et un peu de sel. Lancez le **mode sous pression** pour 10 minutes avec 30 cl d'eau dans la cuve.

**3.** Ajoutez la crème et la moitié du fromage, poivrez et mixez. Servez avec le saumon, de la ciboulette et le reste du fromage.

*Idée : pour plus de caractère, choisissez une mimolette vieille ou un vieux comté.*

INGRÉDIENTS

500 g de cubes de poisson mélangés surgelés

25 cl de lait de coco

1 c. à c. de curcuma

1 c. à c. de curry

25 cl de bouillon de légumes

1 bâton de citronnelle

8 crevettes crues

500 g de patates douces

Quelques brins de coriandre fraîche

Le jus de 1 citron vert

# SOUPE DE POISSONS ET PATATES DOUCES

**4 PERSONNES**

10 MIN 15 MIN

€€

EXPRESS

RECETTE WAOUH

SANS GLUTEN

**1.** Mettez les morceaux de poisson dans le panier-vapeur du Cookeo et versez 20 cl d'eau dans la cuve. Programmez le **mode sous pression** pour 5 minutes.

**2.** Réservez le poisson. Rincez la cuve et versez-y la patate douce coupée en rondelles épaisses, le lait de coco, les épices et le bouillon. Mélangez. Ajoutez la tige de citronnelle fendue en deux. Salez, poivrez. Programmez le **mode sous pression** pour 5 minutes.

**3.** Passez sur le **mode réchauffage** et placez le poisson dans la soupe. Ajoutez les crevettes et faites cuire pendant quelques minutes, le temps que les crevettes colorent.

**4.** Au moment de servir, parsemez la soupe de coriandre ciselée et ajoutez quelques gouttes de jus de citron vert.

## INGRÉDIENTS

2 blancs de poulet

100 g de petits champignons de Paris

2 poignées de cresson

2 carottes

150 g de nouilles de riz

10 mini-maïs frais ou en conserve

1 cube de bouillon de poulet

# SOUPE CHINOISE AU POULET ET CHAMPIGNONS

**4 PERSONNES**

15 MIN 7 MIN

€

EXPRESS

SANS GLUTEN

TOUR DU MONDE

**1.** Coupez le poulet en lanières et les champignons en quartiers. Pelez et coupez les carottes en bâtonnets.

**2.** Mettez les nouilles à tremper dans un saladier d'eau chaude. Déposez les champignons, les carottes et le cube de bouillon dans la cuve du Cookeo et versez 70 cl d'eau. Lancez le **mode sous pression** pour 5 minutes.

**3.** Ajoutez le poulet, le cresson, le maïs et les nouilles égouttées. Prolongez la cuisson de 2 minutes.

**4.** Servez parsemé de cresson frais.

## INGRÉDIENTS

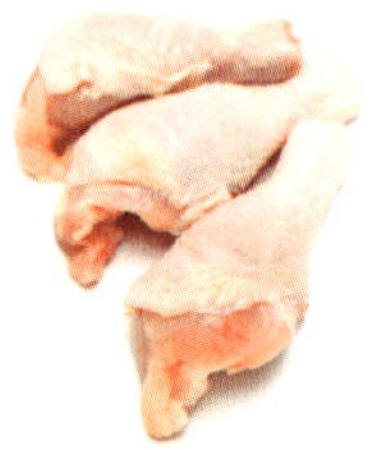

4 pilons de poulet

2 c. à s. rases de mélange d'épices mexicain

400 g de tomates concassées en conserve

200 g de maïs en conserve

Tabasco® (facultatif)

1 oignon

4 c. à s. d'huile d'olive

# SOUPE MEXICAINE AU POULET

**4 PERSONNES**

5 MIN 18 MIN

€

EXPRESS

SANS GLUTEN

TOUR DU MONDE

**1.** Pelez et hachez l'oignon.

**2.** Dans le Cookeo sur le **mode dorer,** faites revenir avec l'huile le poulet, l'oignon et les épices pendant 3 minutes environ. Ajoutez les tomates, le maïs, du sel et versez 60 cl d'eau.

**3.** Lancez le **mode sous pression** pour 15 minutes.

**4.** Sortez le poulet du Cookeo, désossez-le et remettez la chair effilochée dans la soupe. Ceux qui le souhaitent peuvent relever la soupe de Tabasco®.

*Astuce : vous pouvez parsemer la soupe de petits dés d'avocat et de coriandre fraîche.*

## INGRÉDIENTS

200 g de cocos blancs cuits

4 pommes de terre

3 carottes

300 g de haricots plats

1/2 chorizo

20 g de beurre

Coriandre fraîche

# SOUPE PORTUGAISE AUX HARICOTS BLANCS

**4 PERSONNES**

**15 MIN** **13 MIN**

**€**

EXPRESS

SANS GLUTEN

TOUR DU MONDE

**1.** Épluchez ou équeutez les légumes et coupez-les en morceaux. Dans le Cookeo sur le **mode dorer,** faites revenir les légumes dans le beurre fondu pendant 3 minutes.

**2.** Assaisonnez, ajoutez les haricots blancs et le chorizo coupé en tranches, puis couvrez avec 1 l d'eau.

**3.** Lancez le **mode sous pression** pour 10 minutes.

**4.** Servez parsemé de coriandre fraîche hachée.

INGRÉDIENTS

4 tomates bien mûres

1 courgette

1 branche de céleri

150 g de pâtes à soupe de votre choix

100 g de copeaux de parmesan

1 oignon

4 c. à s. d'huile d'olive

# MINESTRONE AUX LÉGUMES D'ÉTÉ

**4 PERSONNES**

15 MIN 10 MIN

€

GRAND CLASSIQUE

EXPRESS

**1.** Coupez les tomates pelées et la courgette en dés. Émincez l'oignon et le céleri en réservant les feuilles vertes.

**2.** Dans le Cookeo sur le **mode dorer,** faites revenir dans l'huile tous les légumes pendant 5 minutes.

**3.** Salez, ajoutez les pâtes et 75 cl d'eau. Lancez le **mode sous pression** pour 5 minutes.

**4.** Poivrez, parsemez du parmesan et des feuilles de céleri réservées hachées. Servez aussitôt.

INGRÉDIENTS

500 g de bœuf à bourguignon

2 betteraves crues

2 carottes

1 oignon

330 g de chou vert ou blanc

1 c. à s. de concentré de tomate

4 c. à s. de yaourt à la grecque (pour servir)

2 c. à s. d'huile de tournesol

1 c. à s. de vinaigre

1 c. à s. de sucre en poudre

1 feuille de laurier

# BORTSCH EXPRESS

GRAND CLASSIQUE

SANS GLUTEN

TOUR DU MONDE

**4 PERSONNES**

20 MIN 35 MIN

€

**1.** Coupez la viande en petits cubes. Pelez les légumes. Coupez les betteraves et les carottes en petits cubes. Hachez l'oignon et le chou au couteau.

**2.** Dans le Cookeo sur le **mode dorer,** faites revenir avec l'huile la viande pendant 3 minutes environ, puis ajoutez l'oignon, le vinaigre et le sucre. Prolongez la cuisson de 2 minutes. Ajoutez les autres ingrédients à l'exception du yaourt.

**3.** Couvrez d'eau aux deux tiers et salez. Lancez le **mode sous pression** pour 30 minutes.

**4.** Servez la soupe avec 1 cuillerée à soupe de yaourt par assiette.

*Idée : cette soupe se sert avec du pain noir au seigle. Vous pouvez la parsemer d'herbes hachées.*

# VIANDES
# &
# VOLAILLES

INGRÉDIENTS

1 oignon

800 g de porc

2 c. à s. de pesto vert

50 g de pignons de pin

20 cl de vin blanc

2 c. à s. de crème fraîche
1 c. à s. d'huile d'olive
Basilic frais

# SAUTÉ DE PORC À LA CRÈME DE PESTO

**4 PERSONNES**

10 MIN 17 MIN

€

SANS GLUTEN

SPÉCIAL KIDS

**1.** Dans le Cookeo sur le **mode dorer,** faites revenir dans l'huile l'oignon émincé pendant 4 minutes.

**2.** Ajoutez la viande coupée en gros cubes et faites-les dorer pendant 3 minutes en les retournant régulièrement. Assaisonnez, ajoutez le pesto et les pignons, mélangez et mouillez avec le vin et 10 cl d'eau. Mélangez de nouveau.

**3.** Lancez le **mode sous pression** pour 10 minutes. Incorporez la crème puis servez parsemé de basilic frais.

*Astuce : pour un pesto maison, voir page 366.*

# PORC CONFIT AU CIDRE ET POMMES

**4 PERSONNES**

5 MIN — 30 MIN

€

GRAND CLASSIQUE

SANS GLUTEN

## INGRÉDIENTS

30 g de beurre

1 botte de navets

3 pommes rouges

800 g de porc à mijoter

2 c. à s. d'huile de tournesol

2 c. à s. de fécule de maïs

50 cl de cidre

1 c. à s. de miel

2 feuilles de sauge

**1.** Dans le Cookeo sur le **mode dorer**, faites fondre le beurre puis faites colorer les navets et les pommes coupées en quartiers pendant 3 minutes environ. Réservez.

**2.** Faites revenir la viande coupée en morceaux dans l'huile, toujours sur le **mode dorer**.

**3.** Mélangez la fécule avec un peu de cidre et ajoutez à la viande. Complétez avec le reste de cidre, le miel et la sauge. Lancez le **mode sous pression** pour 20 minutes.

**4.** Ajoutez les pommes et les navets puis relancez pour 5 minutes de cuisson, toujours en **mode sous pression**.

*Astuce : vous pouvez servir ce plat avec un mélange de riz tout prêt. Versez-le dans la cuve, couvrez d'eau et lancez le* **mode sous pression** *pour la moitié du temps indiqué sur le paquet.*

## INGRÉDIENTS

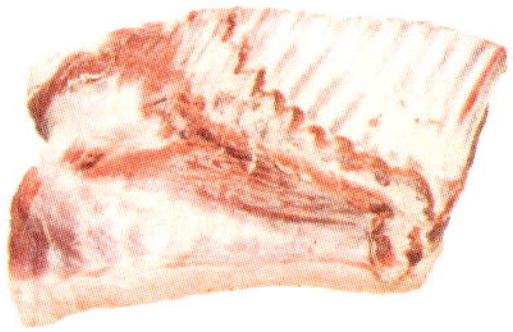

1 kg de poitrine de porc

800 g de patates douces

1 c. à c. de mélange cinq-parfums

3 c. à s. de sauce soja

2 c. à s. de coriandre fraîche

1 c. à s. de cassonade
1 c. à s. d'huile de tournesol

# POITRINE DE PORC AUX PATATES DOUCES

**4 PERSONNES**

10 MIN 30 MIN

€

SPÉCIAL KIDS

TOUR DU MONDE

**1.** Coupez la viande et les patates douces pelées en cubes. Dans un saladier, mélangez le porc avec les épices, la sauce soja, la cassonade et l'huile.

**2.** Dans le Cookeo sur le **mode dorer,** faites caraméliser le contenu du saladier pendant 5 minutes environ. Ajoutez 15 cl d'eau.

**3.** Lancez le **mode sous pression** pour 15 minutes.

**4.** Ajoutez les patates douces, salez légèrement et poivrez. Prolongez la cuisson de 10 minutes. Servez parsemé de coriandre hachée.

# TRAVERS DE PORC À LA SAUCE BARBECUE MAISON

## INGRÉDIENTS

1 kg de travers de porc

1 gros oignon

4 gousses d'ail
70 g de beurre
10 cl de whisky
2 c. à s. de paprika fumé
8 c. à s. de vinaigre blanc
6 c. à s. de sauce soja
6 c. à s. de miel

25 cl de ketchup

30 cl de coulis de tomate
Quelques gouttes de Tabasco®

**4 PERSONNES**

5 MIN — 40 MIN

€

GRAND CLASSIQUE

SPÉCIAL KIDS

TOUR DU MONDE

**1.** Programmez le Cookeo sur le **mode dorer** et faites revenir l'oignon ciselé et l'ail haché dans le beurre.

**2.** Ajoutez le whisky et laissez réduire pendant 1 minute. Ajoutez tous les autres ingrédients à l'exception de la viande.

**3.** Plongez les travers découpés et lancez le **mode sous pression** pour 35 minutes.

**4.** Égouttez la viande et servez avec quelques herbes fraîches et une salade, par exemple.

*Astuce : pour un goût fumé encore plus intense, ajoutez un piment chipotle fumé à votre sauce ! On peut en trouver au rayon mexicain des grandes surfaces.*

INGRÉDIENTS

1 c. à s. d'huile d'olive

1 poivron jaune

800 g de filet mignon de porc

2 tomates

1 c. à c. de curry en poudre

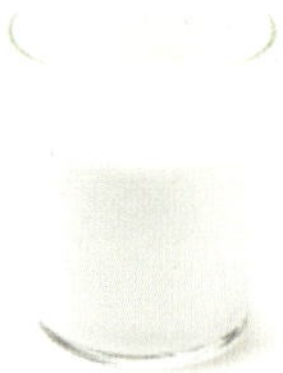

25 cl de lait de coco

60 g de noix de cajou

# CURRY DE FILET MIGNON À LA CRÉOLE

**4 PERSONNES**

15 MIN 27 MIN

€

SANS GLUTEN

TOUR DU MONDE

**1.** Dans le Cookeo sur le **mode dorer,** faites revenir dans l'huile le poivron coupé en lanières pendant 6 minutes.

**2.** Ajoutez la viande coupée en gros cubes et faites-les dorer pendant 3 minutes en les retournant régulièrement.

**3.** Ajoutez les tomates coupées en rondelles et le curry. Mélangez, salez et poivrez. Versez le lait de coco en remuant et parsemez les noix de cajou.

**4.** Lancez le **mode sous pression** pour 18 minutes.

INGRÉDIENTS

1 c. à s. d'huile de sésame

3 oignons

2,5 Carambar®

1 kg de sauté de porc

40 cl de bouillon de bœuf

3 c. à s. de sauce soja

1 c. à s. de farine

# SAUTÉ DE PORC AU CARAMEL

**4 PERSONNES**

15 MIN 28 MIN

€

SANS GLUTEN

SPÉCIAL KIDS

TOUR DU MONDE

**1.** Dans le Cookeo sur le **mode dorer,** faites revenir dans l'huile les oignons émincés pendant 5 minutes.

**2.** Ajoutez les Carambar® et remuez jusqu'à ce qu'ils soient fondus. Mettez la viande dans la cuve et mélangez. Saupoudrez de farine, arrosez d'une petite louche de bouillon et poursuivez la cuisson pendant 3 minutes.

**3.** Versez la sauce soja, assaisonnez et mélangez. Lancez le **mode mijoter** et laissez cuire pendant 20 minutes, en ajoutant progressivement le reste du bouillon.

CARAMBAR
Caramel

RÔTI DE PORC AU ROMARIN ET POMMES GRENAILLES

PALETTE DE PORC À LA SAUCE DIABLE

# PALETTE DE PORC À LA SAUCE DIABLE

## INGRÉDIENTS

800 g de palette de porc
3 c. à s. d'huile d'olive

66 cl de bière
1 oignon

3 gousses d'ail

4 cm de gingembre frais
1 cube de bouillon de bœuf

8 c. à s. de ketchup
2 c. à c. de moutarde
Roquette
Persil frais
Menthe fraîche

**4 PERSONNES**

5 MIN 45 MIN

€€

RECETTE WAOUH

SANS GLUTEN

TOUR DU MONDE

**1.** Dans le Cookeo sur le **mode dorer**, faites colorer la viande entière sur tous les côtés dans l'huile.

**2.** Déglacez avec la bière puis ajoutez l'oignon émincé, l'ail haché, le gingembre frais râpé, le bouillon, le ketchup et la moutarde. Complétez avec 15 cl d'eau et lancez le **mode sous pression** pour 40 minutes.

**3.** Lavez la roquette et mélangez-la avec les herbes hachées. Assaisonnez et servez avec la viande.

# RÔTI DE PORC AU ROMARIN ET POMMES GRENAILLES

**4 PERSONNES**

5 MIN 15 MIN

€€

EXPRESS

GRAND CLASSIQUE

SANS GLUTEN

**1.** Dans le Cookeo sur le **mode dorer,** faites revenir les pommes grenailles coupées en deux dans l'huile. Après 5 minutes de cuisson, réservez.

**2.** Toujours sur le **mode dorer,** faites colorer le rôti piqué à l'ail et ficelé avec les herbes dans le beurre, puis déglacez au vin blanc.

**3.** Complétez avec 30 cl d'eau et ajoutez le cube de bouillon. Lancez le **mode sous pression** pour 10 minutes.

**4.** Ajoutez les pommes de terre et prolongez la cuisson de 5 minutes.

## INGRÉDIENTS

400 g de pommes de terre grenailles

4 c. à s. d'huile d'olive

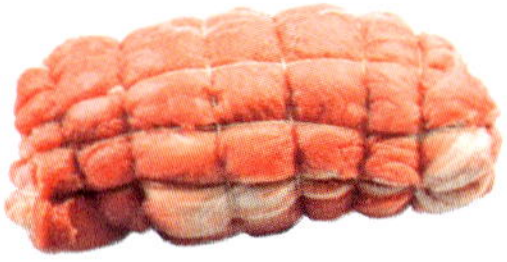

800 g de rôti de porc échine

3 gousses d'ail

Romarin frais

Thym frais

Sauge fraîche

80 g de beurre

20 cl de vin blanc

1 cube de bouillon de veau

INGRÉDIENTS

800 g de filet mignon de porc

6 c. à s. de moutarde à l'ancienne

4 c. à s. de sirop d'érable

10 tranches de bacon

Romarin frais

Huile de tournesol

1 tête d'ail

4 carottes

1 oignon rouge

Ficelle de boucher

# FILET DE PORC AU BACON
# ET SIROP D'ÉRABLE

**4 PERSONNES**

**10 MIN** **20 MIN**

**€€**

EXPRESS

RECETTE WAOUH

SANS GLUTEN

**1.** Mélangez la moutarde et le sirop d'érable. Retirez la barde du filet et nappez-le avec la moitié du mélange.

**2.** Sur un rectangle de film alimentaire, disposez les tranches de bacon en les faisant se chevaucher légèrement. Placez un brin de romarin au centre. Entourez le filet en vous aidant du film puis ficelez-le.

**3.** Dans le Cookeo sur le **mode dorer,** faites colorer dans l'huile le filet puis versez le reste de mélange moutarde-sirop d'érable.

**4.** Ajoutez la tête d'ail coupée en deux, les carottes coupées en rondelles et l'oignon coupé en quartiers. Versez 20 cl d'eau et lancez lacuisson **sous pression** pour 16 minutes.

## INGRÉDIENTS

1 oignon

1 carotte

1 branche de céleri

30 g de beurre

2 saucisses de Morteau
(ou 4 de Montbéliard)

200 g de pois cassés secs

1 bouquet garni

# POIS CASSÉS À LA SAUCISSE FUMÉE

**4 PERSONNES**

**10 MIN** **18 MIN**

**€**

**GRAND CLASSIQUE**

**SANS GLUTEN**

**1.** Pelez et hachez l'oignon. Pelez et coupez la carotte en petits dés ainsi que le céleri.

**2.** Dans le Cookeo sur le **mode dorer**, faites revenir dans le beurre fondu les oignons, la carotte et le céleri pendant 3 minutes.

**3.** Ajoutez les saucisses, les pois, 70 cl d'eau et le bouquet garni. Salez peu à cause des saucisses et poivrez.

**4.** Lancez le **mode sous pression** pour 15 minutes. Avant de servir, coupez les saucisses en tranches.

Astuce : *si vous préférez une consistance de purée, prolongez la cuisson de 5 à 10 minutes et ajoutez 1 cuillerée à soupe de crème fraîche par assiette.*

# CHOUCROUTE EXPRESS

## INGRÉDIENTS

1 oignon

1 c. à c. de baies de genièvre

500 g de choucroute crue

15 cl de vin blanc (Riesling, de préférence)

1 saucisson fumé à cuire

8 tranches de lard fumé

1 c. à s. d'huile de tournesol

8 cl de bouillon de légumes

**4 PERSONNES**

10 MIN — 28 MIN

€

GRAND CLASSIQUE

SANS GLUTEN

TOUR DU MONDE

**1.** Dans le Cookeo sur le **mode dorer**, faites revenir dans l'huile l'oignon émincé et les baies pendant 5 minutes.

**2.** Ajoutez la choucroute préalablement rincée et essorée, assaisonnez et poursuivez la cuisson pendant 3 minutes.

**3.** Versez le bouillon et le vin, mélangez et répartissez le saucisson coupé en rondelles et les tranches de lard. Lancez le **mode sous pression** pour 20 minutes.

INGRÉDIENTS

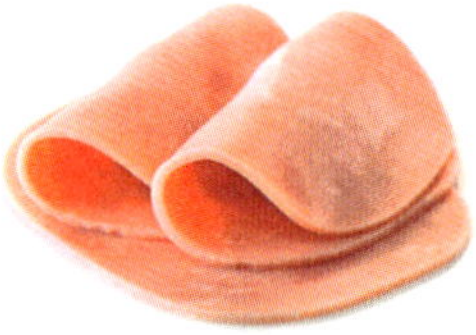

1 tranche de jambon épaisse de 200 g

200 g de coquillettes

150 g de petits pois surgelés

4 portions de Kiri® ou de La Vache qui rit®

Basilic frais

# PÂTES AU JAMBON ET AUX PETITS POIS

**4 PERSONNES**

5 MIN 6 MIN

€

EXPRESS

SPÉCIAL KIDS

**1.** Coupez le jambon en petits dés.

**2.** Déposez les pâtes et les petits pois dans la cuve du Cookeo avec 70 cl d'eau et un peu de sel. Lancez le **mode sous pression** pour 6 minutes.

**3.** Incorporez le fromage et le jambon aux pâtes, puis couvrez pour que les pâtes finissent d'absorber l'eau.

**4.** Servez parsemé de basilic frais.

## INGRÉDIENTS

2 oignons rouges

1 betterave cuite

100 g de lardons fumés

175 g de lentilles vertes

2 c. à s. de vinaigre de xérès

2 c. à s. de cerfeuil effeuillé
2 c. à s. d'huile de tournesol

# LENTILLES AUX OIGNONS ET AUX BETTERAVES

**4 PERSONNES**

5 MIN · 15 MIN

€

EXPRESS

SANS GLUTEN

**1.** Pelez et coupez les oignons en quatre. Coupez la betterave en petits cubes.

**2.** Dans le Cookeo sur le **mode dorer,** faites revenir dans l'huile les lardons, les oignons et la betterave pendant 3 minutes. Ajoutez les lentilles et 60 cl d'eau. Salez puis lancez le **mode sous pression** pour 12 minutes.

**3.** Poivrez puis ajoutez le vinaigre et le cerfeuil. Servez tiède.

**INGRÉDIENTS**

4 boudins blancs

25 cl de crème liquide

5 cl de vin blanc

4 c. à s. de moutarde à l'ancienne

1 pomme

Persil frais

# BOUDINS BLANCS À LA CRÈME DE MOUTARDE

**4 PERSONNES**

5 MIN – 3 MIN

€

EXPRESS

RECETTE WAOUH

SANS GLUTEN

**1.** Piquez les boudins avec une fourchette. Fouettez la crème avec le vin et la moutarde. Coupez la pomme en morceaux.

**2.** Versez la crème dans la cuve du Cookeo. Répartissez-y les boudins et la pomme puis assaisonnez. Lancez le **mode sous pression** pour 3 minutes.

**3.** Servez parsemé de persil frais haché et accompagné d'un petit peu de moutarde.

## INGRÉDIENTS

1 oignon émincé
Huile d'olive

300 g de dés de jambon

2 jaunes d'œufs

25 cl de crème fraîche

300 g de tagliatelles

60 g de parmesan

Quelques feuilles de basilic frais

# TAGLIATELLES À LA CARBONARA

**4 PERSONNES**

**15 MIN** **12 MIN**

**€**

**EXPRESS**

**SPÉCIAL KIDS**

**1.** Dans le Cookeo sur le **mode dorer,** faites revenir l'oignon pendant 3 minutes avec un peu d'huile d'olive. Ajoutez les dés de jambon et faites revenir pendant 2 minutes.

**2.** Mélangez les jaunes d'œufs avec la crème fraîche. Ajoutez ce mélange dans la cuve avec 35 cl d'eau et les pâtes. Salez et poivrez puis mélangez. Lancez le **mode sous pression** pour 7 minutes.

**3.** À la fin de la cuisson, ajoutez le parmesan et parsemez de basilic ciselé.

# RISOTTO AU CHORIZO

## INGRÉDIENTS

25 g de beurre

1 gros oignon

2 poivrons rouges

400 g de riz arborio

1/2 chorizo doux

60 cl de bouillon de légumes

10 cl de crème liquide

**4 PERSONNES**

10 MIN — 16 MIN

€

EXPRESS

SANS GLUTEN

TOUR DU MONDE

**1.** Dans le Cookeo sur le **mode dorer,** faites revenir dans le beurre fondu l'oignon émincé et les poivrons coupés en lanières pendant 5 minutes.

**2.** Ajoutez le riz et le chorizo coupé en petits dés et remuez quelques instants.

**3.** Assaisonnez, versez le bouillon et mélangez. Lancez le **mode sous pression** pour 10 minutes.

**4.** Ajoutez la crème, mélangez et prolongez la cuisson de 1 minute.

INGRÉDIENTS

1 branche de céleri

200 g de champignons de Paris

1 kg de bœuf à bourguignon

30 cl de bière brune type Guinness

150 g de lardons

2 c. à s. de sauce Worcestershire (facultatif)

1 cube de bouillon de bœuf (facultatif)

1 oignon

3 c. à s. d'huile de tournesol

1,5 c. à s. de farine

1 bouquet garni

# BŒUF À LA BIÈRE BRUNE ET AUX CHAMPIGNONS

**4 PERSONNES**

15 MIN 35 MIN

€€

GRAND CLASSIQUE

TOUR DU MONDE

**1.** Pelez et hachez l'oignon. Coupez le céleri en dés. Nettoyez les champignons et coupez-les en quatre. Déposez la viande dans un saladier. Salez et poivrez, ajoutez la farine puis mélangez le tout pour enrober la viande.

**2.** Dans une petite casserole, portez la bière à ébullition et faites-la flamber complètement.

**3.** Dans le Cookeo sur le **mode dorer,** faites revenir la viande sur toutes les faces dans l'huile chauffée, avec les lardons, les champignons, l'oignon et le céleri, pendant 5 minutes environ.

**4.** Ajoutez la bière flambée, le bouquet garni et éventuellement la sauce Worcestershire et le cube de bouillon émietté. Lancez le **mode sous pression** pour 30 minutes.

*Idée : les Britanniques servent ce plat avec du champ, une purée de pommes de terre riche en lait et en beurre additionnée de jeunes oignons verts émincés.*

## INGRÉDIENTS

200 g de mélange de céréales

1 sachet de pousses d'épinard

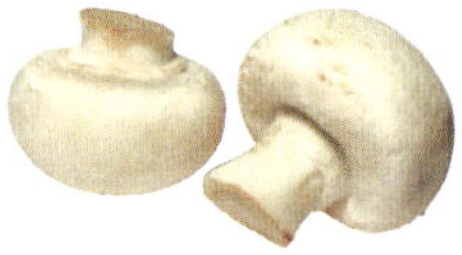

200 g de champignons de Paris

250 g de courge butternut

700 g de bœuf à mijoter

2 échalotes

1 verre de vin rouge

1 bouquet garni

4 baies de genièvre

4 c. à s. d'huile d'olive

2 c. à s. de farine

1 cube de jus de bœuf

# MIJOTÉ DE BŒUF AUX ÉPINARDS ET AU POTIRON

**4 PERSONNES**

10 MIN 40 MIN

€€

GRAND CLASSIQUE

RECETTE WAOUH

**1.** Versez les céréales dans la cuve du Cookeo et couvrez avec de l'eau. Programmez la **cuisson rapide** pour la moitié du temps indiqué sur le paquet puis débarrassez.

**2.** Dans le Cookeo sur le **mode dorer,** faites revenir dans la moitié de l'huile les échalotes émincées avec les champignons et la courge coupés en cubes pendant 5 minutes, puis débarrassez.

**3.** Versez le reste d'huile et faites colorer la viande pendant 5 minutes sur tous les côtés. Ajoutez la farine, mélangez, puis ajoutez le vin.

**4.** Complétez avec 50 cl d'eau, les baies de genièvre, le bouquet garni et 1 cube de jus de bœuf. Programmez pour 25 minutes la **cuisson rapide.** Ajoutez les légumes et prolongez la cuisson de 5 minutes. Ajoutez les épinards avant de servir avec les céréales cuites.

# BŒUF STROGONOFF

**INGRÉDIENTS**

2 oignons émincés

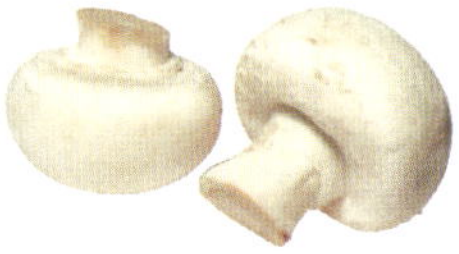

250 g de champignons de Paris

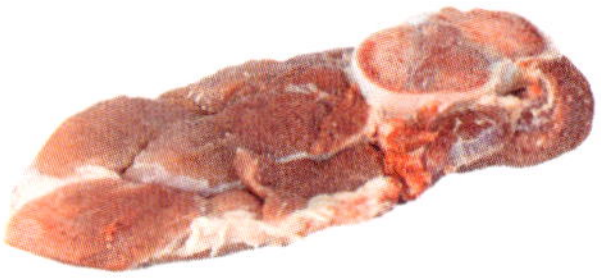

800 g de paleron de bœuf

20 cl de bouillon de bœuf

20 cl de vin blanc

2 c. à s. de crème fraîche
30 g de beurre
50 g de farine

**4 PERSONNES**

15 MIN 31 MIN

€

GRAND CLASSIQUE

TOUR DU MONDE

**1.** Dans le Cookeo sur le **mode dorer,** faites blondir les oignons émincés dans le beurre fondu pendant 4 minutes.

**2.** Ajoutez les champignons coupés en deux, la viande coupée en morceaux et remuez pendant 2 minutes.

**3.** Saupoudrez la farine, mélangez et mouillez avec le bouillon. Versez le vin, assaisonnez et mélangez de nouveau.

**4.** Lancez le **mode sous pression** pour 25 minutes. Incorporez la crème après cuisson.

# MIJOTÉ DE BŒUF AUX TOMATES ET OLIVES

**4 PERSONNES**

5 MIN 40 MIN

€

GRAND CLASSIQUE

SANS GLUTEN

## INGRÉDIENTS

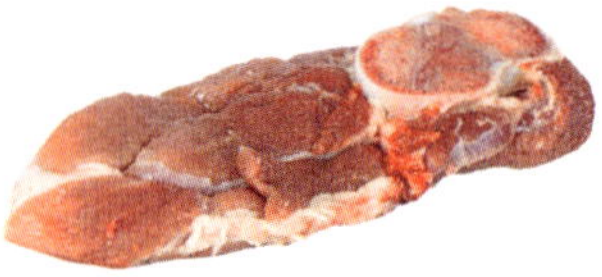

800 g de paleron de bœuf
3 c. à s. d'huile d'olive
2 gousses d'ail

1 oignon

300 g de tomates cerises

1/2 bouteille de vin rouge

400 g de tomates concassées

150 g d'olives noires et vertes
2 c. à s. de cassonade en poudre
Thym frais
Basilic frais

**1.** Dans le Cookeo sur le **mode dorer,** faites revenir la viande coupée en morceaux sur tous les côtés dans l'huile.

**2.** Ajoutez l'ail haché et l'oignon ciselé. Après 1 minute de cuisson, ajoutez le reste des ingrédients à l'exception des tomates cerises, puis lancez le **mode sous pression** pour 35 minutes de cuisson.

**3.** Ajoutez les tomates cerises coupées en deux et prolongez la cuisson de 1 minute toujours sur le **mode sous pression.**

**4.** Servez parsemé de basilic frais.

*Astuce : pour un repas complet, accompagnez ce plat de riz, en suivant l'astuce de cuisson de la p. 88.*

INGRÉDIENTS

1 kg de paleron de bœuf

4 pommes de terre

3 carottes

2 blancs de poireaux

1 navet

1 branche de céleri

1 bouquet garni

# POT-AU-FEU EXPRESS

**4 PERSONNES**

15 MIN — 50 MIN

€

GRAND CLASSIQUE

LIGHT

SANS GLUTEN

**1.** Dans le Cookeo sur le **mode dorer,** faites bouillir dans 2 l d'eau la viande coupée en morceaux pendant 10 minutes.

**2.** Écumez et retirez 1 l d'eau.

**3.** Ajoutez les légumes pelés et coupés en morceaux ainsi que le bouquet garni et assaisonnez. Lancez le **mode sous pression** pour 40 minutes.

INGRÉDIENTS

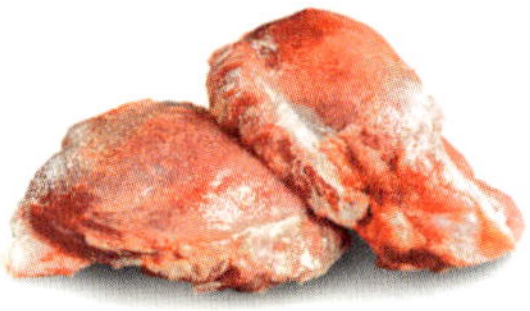

1 kg de joue de bœuf

2 oignons

40 cl de bière de garde

100 g de lardons

1 c. à s. de moutarde

2 tranches de pain d'épices
1 c. à s. rase de farine
2 c. à s. d'huile de tournesol
30 g de beurre
1 c. à s. de cassonade

# CARBONADE DE JOUE DE BŒUF

**4 PERSONNES**

10 MIN · 35 MIN

€

GRAND CLASSIQUE

TOUR DU MONDE

**1.** Coupez le bœuf en gros cubes. Déposez-le dans un saladier. Salez, poivrez, ajoutez la farine, puis mélangez le tout pour enrober la viande. Pelez et hachez les oignons.

**2.** Dans une petite casserole, portez la bière à ébullition et flambez-la complètement.

**3.** Dans le Cookeo sur le **mode dorer,** faites revenir dans l'huile et le beurre fondu la viande sur toutes les faces avec les lardons et les oignons pendant 5 minutes environ.

**4.** Ajoutez la cassonade, la moutarde et la bière flambée. Mélangez bien puis émiettez le pain d'épices dessus. Lancez le **mode sous pression** pour 30 minutes.

*Astuce : de la bière ambrée, brune ou blonde ? C'est votre choix, mais optez pour une bière des Flandres, assurément !*

## INGRÉDIENTS

3 courgettes

800 g de bœuf à mijoter

6 figues séchées

1 c. à s. de miel

3 c. à s. de noisettes entières

1 c. à s. de ras-el-hanout
4 c. à s. d'huile d'olive
4 c. à s. de raisins secs blonds
1 c. à c. de cumin en poudre
1 bâton de cannelle
4 baies de genièvre
3 c. à s. d'amandes entières

# TAJINE DE BŒUF AUX FRUITS SECS ET COURGETTES

**4 PERSONNES**

5 MIN 45 MIN

€

RECETTE WAOUH

TOUR DU MONDE

**1.** Dans le Cookeo sur le **mode dorer,** faites colorer les courgettes coupées en rondelles dans 2 cuillerées à soupe d'huile. Réservez après 5 minutes de cuisson.

**2.** Toujours sur le **mode dorer,** faites colorer le bœuf coupé en morceaux dans l'huile restante.

**3.** Ajoutez les noisettes et amandes, les fruits secs, le miel et les épices, puis complétez avec 50 cl d'eau. Lancez pour 30 minutes le **mode sous pression.**

**4.** Ajoutez les courgettes et prolongez la cuisson de 5 minutes.

INGRÉDIENTS

800 g de bœuf à braiser
4 c. à s. d'huile d'olive

200 g de poitrine fraîche
4 échalotes

6 carottes
3 c. à s. de farine

50 cl de vin rouge
1 cube de bouillon de bœuf
4 c. à s. de ketchup

200 g de polenta

50 g de beurre
1 l de lait
Persil frais

# BŒUF BRAISÉ AU VIN ROUGE ET POLENTA

**4 PERSONNES**

10 MIN 1 H

€€

GRAND CLASSIQUE

RECETTE WAOUH

**1.** Dans le Cookeo sur le **mode dorer**, faites revenir le bœuf dans l'huile.

**2.** Retirez-le et ajoutez la poitrine coupée en lardons épais, les échalotes émincées et les carottes coupées en morceaux. Faites revenir pendant 3 minutes, puis remettez le bœuf dans le Cookeo et saupoudrez de farine. Mélangez.

**3.** Versez le vin, le bouillon et le ketchup. Enclenchez le **mode sous pression** pour 45 minutes.

**4.** Débarrassez, puis versez la polenta, le beurre coupé en morceaux et le lait dans la cuve du Cookeo. Mélangez et lancez le **mode sous pression** pour 8 minutes.

**5.** Servez le bœuf braisé avec la polenta et un peu de persil frais haché.

## INGRÉDIENTS

350 g de nouilles

150 g de pois gourmands

4 œufs

400 g de filet de bœuf

3 carottes

1/2 chou chinois
3 oignons nouveaux
2 gousses d'ail
4 c. à s. de sauce soja
4 c. à s. de nuoc-mâm
1 piment

# NOUILLES SAUTÉES AU BŒUF ET LÉGUMES

**4 PERSONNES**

**10 MIN** **20 MIN**

**€€**

**EXPRESS**

**LIGHT**

**TOUR DU MONDE**

**1.** Placez les nouilles dans le Cookeo puis versez l'eau et 1 pincée de sel. Programmez le **mode sous pression** pour la moitié du temps indiqué sur le paquet. Rafraîchissez-les puis réservez dans de l'eau froide.

**2.** Placez les pois gourmands dans le panier-vapeur du Cookeo et versez 20 cl d'eau dans la cuve. Lancez le **mode sous pression** pour 3 minutes.

**3.** Dans le Cookeo sur le **mode dorer,** versez 1 cuillerée à soupe d'huile et les œufs battus, et brouillez-les. Salez et réservez.

**4.** Toujours sur le **mode dorer,** faites revenir rapidement la viande dans 2 cuillerées à soupe d'huile, puis ajoutez les oignons ciselés, les carottes coupées en bâtonnets et le chou émincé.

**5.** Après 5 minutes de cuisson, ajoutez les pois gourmands, les œufs et le piment. Arrosez de sauce soja et de nuoc-mâm puis lancez le **mode sous pression** pour 2 minutes. Ajoutez les nouilles égouttées, enrobez bien le tout et servez.

*Astuce : pour bien découper la viande, placez-la au congélateur pour environ 30 minutes afin de la raffermir.*

# BOULETTES DE BŒUF, AUBERGINE ET TAGLIATELLES

## INGRÉDIENTS

60 g de pain rassis
3 c. à s. de lait

700 g de bœuf haché
Basilic frais

100 g de ricotta
1 oignon
2 gousses d'ail
3 c. à s. d'huile d'olive

1 aubergine
2 c. à s. de cassonade

50 cl de coulis de tomate

250 g de tagliatelles sèches

**4 PERSONNES**

10 MIN | 15 MIN

€

EXPRESS

GRAND CLASSIQUE

SPÉCIAL KIDS

**1.** Faites tremper le pain émietté dans le lait.

**2.** Dans un grand saladier, mélangez la viande avec le basilic haché, la ricotta et le pain égoutté. Assaisonnez, puis formez des boulettes.

**3.** Dans le Cookeo sur le **mode dorer,** faites revenir l'oignon ciselé et l'ail haché pendant 3 minutes dans l'huile.

**4.** Ajoutez l'aubergine coupée en cubes moyens, la cassonade et le coulis de tomate. Disposez les boulettes dans la sauce et lancez le **mode sous pression** pour 7 minutes.

**5.** Débarrassez et placez les pâtes dans le Cookeo. Versez 60 cl d'eau et 1 pincée de sel, puis programmez le **mode sous pression** pour la moitié du temps indiqué sur le paquet. Égouttez et servez avec les boulettes et la sauce.

*Astuce : vous formerez des boulettes plus facilement avec les mains mouillées.*

# BOULETTES D'AGNEAU, TOMATES ET PETITS POIS

## INGRÉDIENTS

1 bouquet de persil frais

600 g d'agneau haché

1 œuf

1 c. à s. rase de ras-el-hanout

400 g de tomates concassées en conserve

200 g de petits pois surgelés
1 oignon
1 c. à s. de farine
2 c. à s. d'huile d'olive

**4 PERSONNES**

15 MIN 8 MIN

€

**EXPRESS**

**LIGHT**

**1.** Pelez et hachez l'oignon. Effeuillez et hachez les herbes. Dans un saladier, déposez la viande, l'oignon, l'œuf, la moitié des herbes, la farine et le ras-el-hanout. Salez, poivrez et mélangez bien. Formez de grosses boulettes.

**2.** Dans le Cookeo sur le **mode dorer,** faites revenir les boulettes pendant 4 minutes dans l'huile chauffée, en les retournant délicatement. Ajoutez les tomates et les petits pois. Salez.

**3.** Lancez le **mode sous pression** pour 4 minutes. Au moment de servir, parsemez du reste des herbes.

*Astuce : vous pouvez remplacer l'agneau par du bœuf ou un mélange des deux viandes. De même, utilisez de la coriandre fraîche à la place du persil ou un mélange des deux herbes.*

# CURRY D'AGNEAU AUX ÉPINARDS

**4 PERSONNES**

15 MIN · 15 MIN

€€

EXPRESS

SANS GLUTEN

TOUR DU MONDE

## INGRÉDIENTS

500 g d'épaule d'agneau désossée

300 g d'épinards surgelés

2 oignons

2 gousses d'ail

150 g de yaourt à la grecque

1 c. à s. de pâte de curry

10 cl de crème liquide entière

2 c. à s. rases de fécule de maïs

2 c. à s. d'huile de tournesol

**1.** Coupez l'agneau en gros dés. Pelez et hachez les oignons et l'ail. Dans un bol, délayez la fécule avec la crème et le yaourt.

**2.** Dans le Cookeo sur le **mode dorer,** faites revenir dans l'huile chauffée l'agneau avec les oignons et l'ail pendant 3 minutes environ, puis ajoutez la pâte de curry, les épinards, le contenu du bol et 15 cl d'eau. Salez et poivrez.

**3.** Lancez le **mode sous pression** pour 12 minutes.

*Astuce* : *servez avec des* naan *chauds ; vous pouvez en trouver au rayon du pain tranché.*

## INGRÉDIENTS

2 carottes

1 branche de céleri

4 tranches de jarret de veau avec l'os

25 cl de vin blanc

800 g de tomates pelées au jus en conserve

1 bouquet garni

2 oignons

4 c. à s. d'huile d'olive

1 c. à s. de concentré de tomate

# OSSO BUCCO MILANAIS

**4 PERSONNES**

10 MIN / 50 MIN

€€

GRAND CLASSIQUE

SANS GLUTEN

TOUR DU MONDE

**1.** Pelez les oignons et les carottes. Hachez-les grossièrement ainsi que le céleri.

**2.** Dans le Cookeo sur le **mode dorer,** faites revenir dans l'huile chauffée le veau sur toutes les faces, pendant 3 minutes environ. Ajoutez le hachis de légumes et faites revenir pendant 2 minutes supplémentaires.

**3.** Ajoutez le vin blanc et faites-le réduire de moitié.

**4.** Salez, poivrez, ajoutez les tomates, le concentré et le bouquet garni. Écrasez grossièrement les tomates dans la sauce à l'aide d'une spatule ou d'un pilon à purée. Lancez le **mode sous pression** pour 40 minutes.

*Astuce : pour un plat servi comme en Italie, parsemez les assiettes de gremolata : mélangez 1 poignée de persil haché avec 2 gousses d'ail hachées et 1 cuillerée à café de zeste de citron.*

# GIGOT D'AGNEAU SUPER FONDANT AUX CAROTTES

## INGRÉDIENTS

1 gigot d'agneau de 1,2 kg
Huile de tournesol

200 g de poitrine de porc fumée

2 oignons

1 tête d'ail

6 carottes

2 branches de céleri
25 cl de vin blanc
1 cube de bouillon de bœuf
1 feuille de laurier
Thym frais

**4 PERSONNES**

5 MIN — 50 MIN

€€

GRAND CLASSIQU

SANS GLUTEN

SPÉCIAL KIDS

**1.** Dans le Cookeo sur le **mode dorer**, faites colorer l'agneau sur toutes ses faces dans l'huile. Réservez.

**2.** Faites revenir la poitrine coupée en cubes et les légumes pelés et coupés grossièrement.

**3.** Après 3 minutes de cuisson, replacez le gigot dans le Cookeo. Versez le vin blanc, ajoutez le cube de bouillon, les aromates et complétez avec 25 cl d'eau. Lancez le **mode sous pression** pour 45 minutes.

Astuce : *idéal avec une purée de pommes de terre maison !*

# VEAU EN JARDINIÈRE DE PRINTEMPS

## INGRÉDIENTS

4 grenadins de veau

4 tranches de jambon cru

100 g de lardons

200 g de pommes de terre grenailles

200 g de petits pois écossés

1 botte de radis
30 g de beurre
1 botte de navets primeurs
15 cl de vin blanc
2 c. à s. d'huile d'olive

**4 PERSONNES**

15 MIN 17 MIN

€€€

RECETTE WAOUH

SANS GLUTEN

**1.** Retirez la barde des grenadins et entourez-les de jambon cru, puis ficelez le tout.

**2.** Programmez le Cookeo sur le **mode cuisson** et faites revenir les lardons dans le beurre pendant 2 minutes.

**3.** Ajoutez les pommes de terre, les navets coupés en quartiers et les radis. Après 3 minutes de cuisson, ajoutez les petits pois et versez 15 cl de vin blanc ainsi que 10 cl d'eau. Lancez la **cuisson rapide** pour 6 minutes. Débarassez.

**4.** Dans le Cookeo sur le **mode dorer,** faites revenir dans l'huile les grenadins pendant 5 minutes de chaque côté. Servez avec la jardinière.

*Astuce : n'hésitez pas à utiliser des petits pois congelés, bien plus pratiques !*

# AGNEAU BRAISÉ
# AUX PRUNES

## 4 PERSONNES

5 MIN 31 MIN

€€

RECETTE WAOUH

SANS GLUTEN

## INGRÉDIENTS

75 g de beurre

1 grosse souris d'agneau

2 échalotes

3 gousses d'ail

4 c. à s. de miel

25 cl de porto

4 c. à s. de vinaigre balsamique

Une dizaine de pruneaux

2 c. à s. de fécule de maïs

Romarin frais

1 cube de bouillon de bœuf

8 prunes

**1.** Programmez le Cookeo sur le **mode dorer** et faites fondre le beurre. Colorez la souris d'agneau sur tous les côtés puis ajoutez les échalotes émincées, l'ail en chemise écrasé et le miel.

**2.** Après 3 minutes, déglacez au porto puis ajoutez le vinaigre et les pruneaux.

**3.** Versez la fécule préalablement mélangée à 10 cl d'eau froide, ajoutez le romarin et le cube de bouillon puis lancez pour 25 minutes en **mode sous pression.**

**4.** Ajoutez les prunes dénoyautées et coupées en quartiers, et poursuivez la cuisson pendant 3 minutes.

## INGRÉDIENTS

4 tendrons de veau

2 c. à c. de mélange d'épices indiennes

1 citron confit

500 g de carottes

2 c. à s. de pâte de tandoori

Coriandre fraîche
Menthe fraîche
1 citron vert
2 c. à s. d'huile d'olive
1 oignon
2 gousses d'ail

# VEAU SAUTÉ AU CITRON ET CAROTTES TANDOORI

**4 PERSONNES**

10 MIN · 25 MIN

€€

LIGHT

SANS GLUTEN

TOUR DU MONDE

**1.** Lancez le Cookeo sur le **mode dorer** et faites colorer les tendrons dans l'huile.

**2.** Après 5 minutes de cuisson, ajoutez l'oignon ciselé, 1 gousse d'ail hachée, les épices et le citron confit. Ajoutez 20 cl d'eau, salez et lancez le **mode sous pression** pour 15 minutes.

**3.** Débarrassez la viande et la sauce, puis placez dans la cuve les carottes coupées en rondelles avec 1 pincée de sel, l'ail restant et la pâte de tandoori. Couvrez à moitié d'eau et lancez le **mode sous pression** pour 6 minutes.

**4.** Servez avec quelques feuilles de coriandre et de menthe, ainsi que des quartiers de citron vert.

**INGRÉDIENTS**

2 coings

2 oignons

4 souris d'agneau

2 c. à s. rases
de ras-el-hanout

4 c. à s. de miel

2 c. à s. de sésame grillé
3 c. à s. d'huile d'olive

# TAJINE D'AGNEAU AUX COINGS

**4 PERSONNES**

**10 MIN 25 MIN**

**€€**

RECETTE WAOUH

SANS GLUTEN

TOUR DU MONDE

**1.** Pelez et coupez les coings en quartiers. Émincez les oignons. Dans un saladier, mélangez tous les ingrédients, à l'exception du sésame, avec 15 cl d'eau. Salez et poivrez.

**2.** Placez le mélange dans la cuve du Cookeo et lancez le **mode sous pression** pour 25 minutes.

**3.** Parsemez de sésame au moment de servir.

*Astuce : vous pouvez remplacer les souris d'agneau par du collier.*

INGRÉDIENTS

1 poignée de champignons séchés

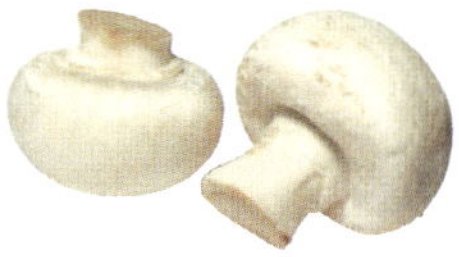

200 g de champignons frais

4 grenadins de veau

60 cl de lait

1 sachet de pousses d'épinard

Thym frais

60 g de beurre

30 g de farine

2 c. à s. de crème

# VEAU AUX CHAMPIGNONS ET ÉPINARDS

**4 PERSONNES**

**10 MIN** **15 MIN**

**€€€**

**EXPRESS**

**RECETTE WAOUH**

**1.** Réhydratez les champignons séchés dans un bol d'eau chaude.

**2.** Programmez le Cookeo sur le **mode dorer** et faites revenir dans la moitié du beurre les champignons frais coupés en quartiers.

**3.** Après 5 minutes de cuisson, ajoutez les champignons réhydratés, saupoudrez de farine, puis incorporez petit à petit le lait et la moitié de l'eau des champignons. Assaisonnez et ajoutez la crème. Réservez.

**4.** Placez les pousses d'épinard dans la cuve du Cookeo, couvrez d'eau et lancez le **mode sous pression** pour 3 minutes. Égouttez.

**5.** Lancez le Cookeo sur le **mode dorer** et faites cuire les grenadins dans le reste de beurre pendant 3 minutes de chaque côté. Saupoudrez de thym et assaisonnez.

**6.** Servez nappé de la sauce aux champignons et accompagné des épinards.

PAUPIETTES DE VEAU AU PESTO, PURÉE DE PATATE DOUCE

## INGRÉDIENTS

500 g de patate douce

50 g de beurre

4 fines escalopes de veau

1 pot de pesto

4 tranches de pancetta

1 boule de mozzarella
2 c. à s. d'huile d'olive

1/2 cube de bouillon de volaille

# PAUPIETTES DE VEAU AU PESTO, PURÉE DE PATATE DOUCE

**4 PERSONNES**

8 MIN 22 MIN

€€

EXPRESS

RECETTE WAOUH

**1.** Placez la patate douce coupée en cubes dans le panier-vapeur du Cookeo, versez 20 cl d'eau dans la cuve et lancez le **mode sous pression** pour 10 minutes. Mixez avec le beurre coupé en morceaux.

**2.** Réalisez les paupiettes : salez et poivrez les escalopes, puis étalez le pesto sur un côté. Ajoutez une tranche de pancetta, quelques morceaux de mozzarella bien égouttée et ficelez le tout avec de la ficelle de boucher.

**3.** Dans le Cookeo sur le **mode dorer,** faites revenir les paupiettes dans l'huile pendant 5 minutes. Versez 20 cl d'eau, ajoutez le bouillon et lancez le **mode sous pression** pour 7 minutes.

**4.** Servez avec la purée de patate douce.

Astuce : *pour un pesto maison,* *voir page 366.*

# VITELLO TONNATO

**4 PERSONNES**

10 MIN – 15 MIN

€€€

EXPRESS

GRAND CLASSIQUE

TOUR DU MONDE

**1.** Dans le Cookeo sur le **mode dorer,** faites colorer la viande assaisonnée dans l'huile. Ajoutez le vin, le bouillon et le romarin. Lancez le **mode sous pression** pour 15 minutes.

**2.** Réalisez une mayonnaise en battant énergiquement le jaune d'œuf avec la moutarde et l'huile.

**3.** Ajoutez les câpres et les anchois hachés ainsi que le thon émietté. Incorporez les herbes hachées et le jus de citron.

**4.** Servez la viande avec la sauce.

*Astuce : le vitello tonnato se sert d'ordinaire froid en entrée, mais il sera parfait en plat de résistance, enrichi d'une salade complète !*

## INGRÉDIENTS

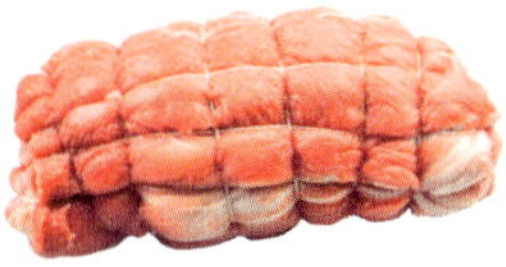

800 g de rôti de veau
3 c. à s. d'huile

12 cl de vin blanc
1 cube de bouillon de légumes
Romarin frais
1 jaune d'œuf
1 c. à s. de moutarde
15 cl d'huile neutre

2 c. à s. de câpres

8 anchois

1 petite boîte de thon
Cerfeuil frais
Estragon frais
Persil frais
Le jus de 1/2 citron

1 oignon

600 g de petits pois écossés

4 escalopes de veau très fines

Thym

4 tranches de jambon cru

20 cl de vin blanc

40 g de beurre

2 c. à s. d'huile d'olive

1,5 cube de bouillon de volaille

# SALTIMBOCCA DE VEAU ET PURÉE DE PETITS POIS

**4 PERSONNES**

10 MIN 15 MIN

€€

EXPRESS

RECETTE WAOUH

SANS GLUTEN

**1.** Dans le Cookeo sur le **mode dorer,** faites revenir l'oignon ciselé dans 1 cuillerée à soupe d'huile. Après 2 minutes de cuisson, ajoutez les petits pois puis 1/2 cube de bouillon de légumes et couvrez à mi-hauteur avec de l'eau. Lancez le **mode sous pression** pour 5 minutes.

**2.** Assaisonnez les escalopes de chaque côté. Faites-les rouler sur elles-mêmes et entourez de thym puis de jambon cru. Maintenez le tout par des piques en bois.

**3.** Mixez les petits pois en ajoutant progressivement du bouillon de cuisson jusqu'à obtenir une purée.

**4.** Dans le Cookeo sur le **mode dorer,** faites colorer le veau dans l'huile restante sur tous les côtés puis déglacez au vin blanc. Complétez avec 10 cl d'eau et le bouillon. Lancez le **mode sous pression** pour 4 minutes.

## INGRÉDIENTS

1 bouquet d'estragon

2 gousses d'ail

25 g de beurre salé mou

1 poulet fermier (environ 1,3 kg)

Huile d'olive

1 oignon

30 cl de bouillon de volaille

10 cl de crème fraîche épaisse

# POULET RÔTI AU BEURRE D'ESTRAGON

**4 PERSONNES**

**15 MIN** **43 MIN**

**€€**

GRAND CLASSIQUE

RECETTE WAOUH

SANS GLUTEN

**1.** Lavez et hachez l'estragon. Pressez les gousses d'ail. Incorporez l'ail et l'estragon dans le beurre mou.

**2.** Passez les doigts sous la peau du poulet afin de la soulever, du côté du cou. Ajoutez le beurre parfumé et étalez entre la chair et la peau.

**3.** Dans le Cookeo sur le **mode dorer,** faites revenir le poulet dans l'huile sur toutes ses faces pendant 10 minutes. Ajoutez les oignons, puis faites revenir pendant quelques instants. Versez le bouillon et lancez le **mode sous pression** pour 30 minutes.

**4.** Réservez le poulet cuit. Faites réduire la sauce dans la cuve sur le **mode dorer** pendant 3 minutes. Ajoutez la crème fraîche.

**5.** Servez le poulet accompagné de sauce.

## INGRÉDIENTS

1 oignon

200 g de tomates fraîches

2 c. à s. d'huile d'olive

4 cuisses de poulet

1 gousse d'ail hachée

500 g de poivrons surgelés en lamelles

10 cl de bouillon de volaille

10 cl de vin blanc

1 c. à c. de paprika

1 pincée de piment d'Espelette

1 bouquet garni

# POULET BASQUAISE

**4 PERSONNES**

**15 MIN** **26 MIN**

**€**

GRAND CLASSIQUE

SANS GLUTEN

**1.** Pelez et émincez l'oignon. Coupez les tomates en cubes.

**2.** Dans le Cookeo sur le **mode dorer,** faites revenir dans l'huile d'olive les cuisses de poulet pendant 5 minutes. Retirez et réservez.

**3.** Ajoutez l'oignon dans la cuve et faites-le revenir pendant 3 minutes, toujours sur le **mode dorer.** Ajoutez les tomates, l'ail et les poivrons. Mélangez et faites cuire pendant environ 5 minutes.

**4.** Ajoutez les morceaux de poulet, le bouillon et le vin blanc. Remuez puis ajoutez les épices et le bouquet garni. Salez et poivrez. Lancez le **mode sous pression** pour 13 minutes.

## INGRÉDIENTS

1 gousse d'ail
1 oignon

2 poivrons (1 rouge et 1 vert)

400 g d'émincés de poulet
1 c. à s. d'huile d'olive

50 g de pâte de curry rouge
1 c. à s. de curry en poudre

20 cl de lait de coco
1 petit verre de bouillon de légumes

1 bâton de citronnelle
1 feuille de citronnier (facultatif)
1 c. à s. de noix de coco râpée
2 tiges de ciboule

# CURRY THAÏ DE POULET À LA CITRONNELLE

**4 PERSONNES**

15 MIN 28 MIN

€

SANS GLUTEN

TOUR DU MONDE

**1.** Pelez et émincez l'ail et l'oignon. Rincez et coupez les poivrons en lamelles. Taillez le poulet en cubes.

**2.** Dans le Cookeo sur le **mode dorer,** faites blondir l'ail et l'oignon dans l'huile d'olive pendant 3 minutes. Ajoutez les poivrons et poursuivez la cuisson pendant 5 minutes. Retirez les légumes. Ajoutez le poulet et faites cuire pendant 5 minutes. Versez la pâte de curry. Mélangez.

**3.** Ajoutez le curry en poudre, le lait de coco, le bouillon, les légumes, le bâton de citronnelle fendu en deux et, éventuellement la feuille de citronnier. Salez et poivrez. Programmez le **mode sous pression** pour 15 minutes.

**4.** Servez le curry de poulet saupoudré de noix de coco et de ciboule ciselée.

## INGRÉDIENTS

2 aubergines

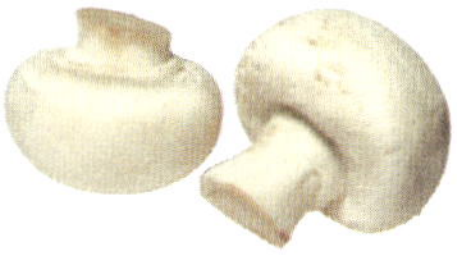

200 g de champignons de Paris

8 hauts de cuisse de poulet

4 c. à s. de sauce teriyaki

1 c. à c. de gingembre frais râpé

2 c. à s. de coriandre fraîche effeuillée

2 gousses d'ail

4 c. à s. d'huile de tournesol

# POULET TERIYAKI, AUBERGINES ET CHAMPIGNONS

**4 PERSONNES**

**10 MIN** **13 MIN**

**€**

EXPRESS

SANS GLUTEN

TOUR DU MONDE

**1.** Coupez les aubergines en cubes sans les peler. Nettoyez les champignons et coupez-les en quatre. Pelez et hachez l'ail.

**2.** Dans le Cookeo sur le **mode dorer,** faites revenir dans l'huile chauffée le poulet avec les aubergines, l'ail et le gingembre pendant 5 minutes environ. Ajoutez les champignons et la sauce diluée dans 4 cuillerées à soupe d'eau.

**3.** Lancez le **mode sous pression** pour 8 minutes et parsemez la coriandre au moment de servir.

*Idée : servez avec du riz nature. Encore plus japonais ? Utilisez des shiitakés à la place des champignons de Paris !*

## INGRÉDIENTS

1 c. à s. d'huile d'olive

1 oignon émincé

1 gousse d'ail

4 cuisses de poulet

50 cl de bouillon de volaille

1 c. à s. de cannelle en poudre

1 c. à s. de ras-el-hanout

16 pruneaux dénoyautés

125 g d'amandes émondées

250 g de semoule fine

Quelques brins de coriandre

# TAJINE DE POULET, PRUNEAUX ET AMANDES

**4 PERSONNES**

15 MIN 23 MIN

€

GRAND CLASSIQUE

TOUR DU MONDE

**1.** Dans le Cookeo sur le **mode dorer,** faites revenir dans l'huile l'oignon et l'ail pendant 3 minutes. Retirez et réservez.

**2.** Ajoutez le poulet et faites revenir pendant 5 minutes. Déglacez avec le bouillon. Ajoutez les épices, l'oignon et l'ail, les pruneaux et les amandes. Lancez le **mode sous pression** pour 15 minutes.

**3.** Préparez la semoule selon les indications du paquet.

**4.** Servez le tajine accompagné de semoule et de coriandre ciselée.

**INGRÉDIENTS**

2 oignons

600 g de blancs de poulet

30 g de beurre

2 c. à s. de pâte de curry tikka

1 c. à s. de concentré de tomate

1 yaourt à la grecque

1 c. à c. de fécule de maïs

10 cl de bouillon de volaille

Quelques brins de coriandre

# POULET TIKKA MASSALA

**4 PERSONNES**

15 MIN 16 MIN

€

EXPRESS

SANS GLUTEN

TOUR DU MONDE

**1.** Pelez et taillez les oignons en lamelles puis coupez les blancs de poulet en gros cubes.

**2.** Dans le Cookeo sur le **mode dorer,** faites revenir dans le beurre les oignons pendant 3 minutes. Retirez et réservez. Ajoutez la viande et faites cuire pendant 5 minutes.

**3.** Mixez les oignons, la pâte de curry, le concentré de tomate, le yaourt, la fécule et le bouillon. Salez et poivrez. Ajoutez ce mélange dans la cuve avec le poulet puis mélangez. Lancez le **mode sous pression** pour 8 minutes.

**4.** Servez avec quelques brins de coriandre ciselés.

Conseil : *dégustez ce plat avec des* naan *nature ou à la coriandre.*

## INGRÉDIENTS

250 g de nouilles de riz

3 c. à s. de sauce nuoc-mâm

3 c. à s. de sauce soja

3 c. à s. de sucre roux en poudre

Le jus de 2 citrons verts

300 g de filets de poulet émincés

1 carotte

Huile de sésame

3 oignons nouveaux

3 gousses d'ail hachées

100 g de pousses de soja

3 œufs

Piment en poudre

2 c. à s. de cacahuètes

Quelques brins de coriandre

# PAD THAÏ AU POULET

**4 PERSONNES**

15 MIN 15 MIN

€

EXPRESS

SANS GLUTEN

TOUR DU MONDE

**1.** Faites tremper les nouilles dans de l'eau chaude pour les ramollir. Dans un bol, mélangez la sauce nuoc-mâm, la sauce soja, le sucre et le jus de 1 citron vert. Réservez.

**2.** Émincez le poulet en fines lamelles puis pelez et taillez la carotte en fins bâtonnets.

**3.** Dans le Cookeo sur le **mode dorer**, faites revenir pendant 5 minutes le poulet avec l'huile de sésame. Réservez. Ajoutez les oignons émincés avec leur tige ainsi que les gousses d'ail et faites cuire pendant 3 minutes.

**4.** Ajoutez les bâtonnets de carotte, les pousses de soja et le poulet. Mélangez quelques minutes. Ajoutez les nouilles avec un peu de leur eau de repos et versez la sauce. Remuez. Ajoutez les œufs. Mélangez pendant quelques minutes pour les brouiller. Lancez le **mode sous pression** pour 3 minutes.

**5.** Parsemez le pad thaï de piment, de cacahuètes concassées et de coriandre ciselée, puis arrosez avec le jus de citron restant.

INGRÉDIENTS

4 carottes
2 courgettes
1 tomate
1 oignon émincé

4 merguez

4 cuisses de poulet coupées en deux

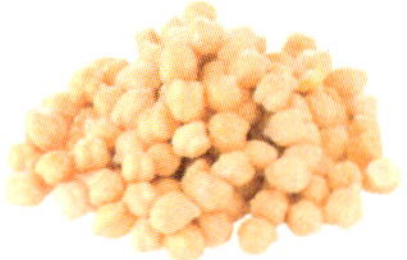

150 g de pois chiches

120 g de concentré de tomate
1 poignée de raisins blonds
1 c. à s. de ras-el-hanout
50 cl de bouillon de volaille

250 g de semoule fine

# COUSCOUS DE POULET ET LÉGUMES

**4 PERSONNES**

15 MIN · 28 MIN

€

GRAND CLASSIQUE

TOUR DU MONDE

**1.** Coupez les carottes, les courgettes et la tomate en cubes. Dans le Cookeo sur le **mode dorer,** faites revenir l'oignon pendant 3 minutes. Retirez et réservez.

**2.** Ajoutez les merguez et faites-les cuire pendant 5 minutes en remuant de temps en temps. Réservez-les.

**3.** Déposez les morceaux de poulet dans la cuve. Faites-les revenir pendant 5 minutes dans le Cookeo toujours sur le **mode dorer.** Stoppez la cuisson.

**4.** Ajoutez les légumes, les pois chiches, le concentré de tomate, les raisins, le ras-el-hanout et les merguez. Mélangez délicatement. Versez le bouillon. Lancez le **mode sous pression** pour 15 minutes.

**5.** Servez le couscous accompagné de semoule.

Moulinex
cookeo

## INGRÉDIENTS

2 échalotes

3 carottes

200 g de poireaux

2 pommes de terre

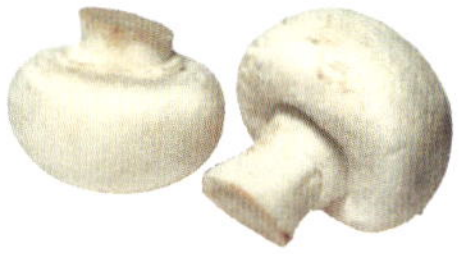

100 g de champignons de Paris

600 g de filets de dinde

1 oignon

1 c. à s. d'huile d'olive

60 cl de bouillon de volaille

2 c. à s. de fécule de maïs

8 c. à s. de crème fraîche épaisse

# BLANQUETTE DE DINDE AUX LÉGUMES

**4 PERSONNES**

**15 MIN 38 MIN**

**€**

**GRAND CLASSIQUE**

**SANS GLUTEN**

**1.** Émincez les échalotes et coupez les carottes en rondelles. Coupez les poireaux en gros morceaux. Pelez et coupez les pommes de terre en morceaux et les champignons en lamelles. Coupez la viande en gros morceaux.

**2.** Dans le Cookeo sur le **mode dorer,** faites revenir l'oignon pendant 3 minutes dans l'huile d'olive. Ajoutez les carottes, les champignons et les poireaux puis prolongez la cuisson de 2 minutes. Réservez.

**3.** Ajoutez la viande et faites revenir pendant 5 minutes. Versez le bouillon dans la cuve puis ajoutez tous les légumes. Salez, poivrez et lancez le **mode sous pression** pour 8 minutes.

**4.** Prélevez 1 louche de bouillon, délayez-y la fécule, ajoutez la crème fraîche puis versez cette préparation dans la cuve du Cookeo. Laissez sur le **mode maintien au chaud** pendant 20 minutes, pour épaissir la sauce.

## INGRÉDIENTS

2 petits oignons
1 c. à s. d'huile d'olive

300 g de filets de dinde

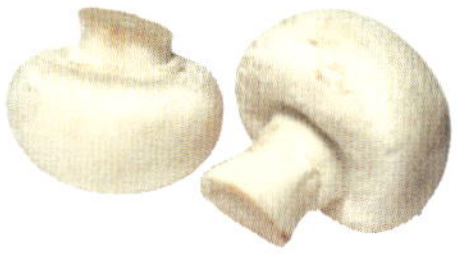

250 g de champignons

240 g de quinoa
50 cl de bouillon de volaille

20 cl de crème fraîche

Quelques brins de ciboulette

# ONE POT DE QUINOA À LA DINDE ET CHAMPIGNONS

**4 PERSONNES**

**15 MIN** **23 MIN**

**€**

SPÉCIAL KIDS

SANS GLUTEN

**1.** Dans le Cookeo sur le **mode dorer,** faites revenir pendant 3 minutes les oignons émincés dans l'huile d'olive. Retirez et réservez.

**2.** Ajoutez la dinde coupée en cubes et faites-les revenir pendant 5 minutes. Ajoutez les champignons et les oignons, puis poursuivez la cuisson pendant 3 minutes.

**3.** Versez le quinoa et le bouillon. Lancez le **mode sous pression** pour 10 minutes. À la fin de la cuisson, ajoutez la crème fraîche. Mélangez. Faites cuire pendant 2 minutes.

**4.** Au moment de servir, parsemez de ciboulette ciselée.

## INGRÉDIENTS

400 g de carottes

200 g de blancs de poulet
1 oignon
Huile d'olive

150 g de pois gourmands
100 g de pousses de soja lavées

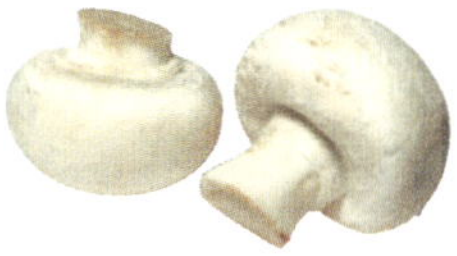

250 g de champignons de Paris
12 cl de bouillon de légumes
4 c. à s. de sauce soja
1 pincée de piment en poudre

700 g de nouilles soba
Quelques brins de coriandre ciselée
Quelques graines de sésame

# RAMEN AU POULET ET AUX LÉGUMES

**4 PERSONNES**

**15 MIN** **17 MIN**

**€**

EXPRESS

LIGHT

TOUR DU MONDE

**1.** Pelez et taillez les carottes en bâtonnets. Coupez le poulet en fines lamelles. Pelez et émincez l'oignon.

**2.** Dans le Cookeo sur le **mode dorer**, faites revenir le poulet avec un peu d'huile d'olive pendant 5 minutes. Ajoutez les carottes, les pois gourmands, l'oignon émincé, les pousses de soja et les champignons. Mélangez pendant 5 minutes.

**3.** Mouillez avec le bouillon, versez la sauce soja et saupoudrez le piment. Programmez le **mode sous pression** pour 5 minutes.

**4.** Ajoutez les nouilles et passez sur le **mode mijotage** pour 2 minutes.

**5.** Au moment de servir, parsemez de coriandre et de graines de sésame.

## INGRÉDIENTS

2 c. à s. d'huile d'olive

600 d'aiguillettes de dinde

150 g de blé

12 cl de vin blanc

50 cl de bouillon de volaille

5 cl de crème de soja

2 c. à s. de ciboulette fraîche ciselée

# « BLÉSOTTO » AUX AIGUILLETTES DE DINDE

**4 PERSONNES**

10 MIN 19 MIN

€

EXPRESS

LIGHT

**1.** Dans le Cookeo sur le **mode dorer,** faites revenir dans l'huile la viande pendant 5 minutes en la retournant régulièrement.

**2.** Ajoutez le blé, mélangez et versez le vin. Poursuivez la cuisson pendant 1 minute tout en remuant. Assaisonnez, versez le bouillon et mélangez. Lancez le **mode sous pression** pour 13 minutes.

**3.** Après cuisson, incorporez la crème de soja et servez parsemé de ciboulette.

# TOMATES FARCIES À LA VOLAILLE ET CHAMPIGNONS

INGRÉDIENTS

4 grosses tomates à farcir

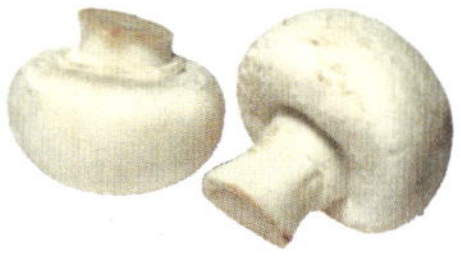

100 g de champignons de Paris

400 g de farce à la volaille (chez le boucher)

250 g de riz

40 cl de bouillon de volaille

4 PERSONNES

15 MIN 7 MIN

€

EXPRESS

SANS GLUTEN

SPÉCIAL KIDS

**1.** Coupez le chapeau des tomates et évidez-les à l'aide d'une cuillère.

**2.** Émincez les champignons en brunoise puis ajoutez-les à la farce.

**3.** Mettez le riz dans la cuve et déposez les tomates farcies par-dessus. Couvrez avec le bouillon. Lancez le **mode sous pression** pour 7 minutes.

# CANETTE AUX GRIOTTES

## INGRÉDIENTS

1 canette (environ 1,5 kg) coupée en 8 morceaux, ou 4 cuisses

1 c. à s. rase de cassonade brune

1 c. à s. d'huile de tournesol

2 c. à s. de vinaigre balsamique

200 g de griottes surgelées

**4 PERSONNES**

10 MIN 20 MIN

€€

EXPRESS

RECETTE WAOUH

SANS GLUTEN

**1.** Déposez les morceaux de canette dans un saladier, ajoutez la cassonade, salez et poivrez. Mélangez bien le tout.

**2.** Dans le Cookeo sur le **mode dorer,** faites caraméliser dans l'huile chauffée les morceaux de canette sur toutes les faces pendant 5 minutes environ. Ajoutez le vinaigre et laissez-le s'évaporer. Ajoutez les griottes non décongelées.

**3.** Lancez le **mode sous pression** pour 15 minutes.

*Astuce : en saison, utilisez des griottes fraîches ou même des cerises du jardin.*

INGRÉDIENTS

2 magrets de canard

4 pommes de terre coupées en dés

500 g de choux de Bruxelles

100 g de girolles (fraîches ou surgelées)

# MAGRET DE CANARD, POÊLÉE AUX CHOUX DE BRUXELLES

**4 PERSONNES**

**15 MIN** **12 MIN**

**€€**

EXPRESS

RECETTE WAOUH

SANS GLUTEN

**1.** Quadrillez la peau des magrets.

**2.** Dans le Cookeo sur le **mode dorer,** faites revenir les magrets côté peau pendant 5 minutes.

**3.** Ajoutez les pommes de terre, les choux de Bruxelles et les champignons. Salez et poivrez. Lancez le **mode sous pression** pour 7 minutes.

**4.** Servez les magrets tranchés accompagnés de la poêlée de légumes.

# CASSOULET EXPRESS

## INGRÉDIENTS

1 gousse d'ail
1 oignon

2 cuisses de canard confites

100 g de lardons fumés
2 c. à s. de fond de veau

5 cl de coulis de tomate
1 pincée de piment d'Espelette

2 saucisses de Montbéliard

1 kg de haricots blancs en boîte

Quelques brins de persil

**4 PERSONNES**

15 MIN · 14 MIN

€€

**EXPRESS**

**GRAND CLASSIQUE**

**1.** Pelez et émincez l'ail et l'oignon.

**2.** Dans le Cookeo sur le **mode dorer,** faites revenir les cuisses de canard pendant 4 minutes. Retirez et réservez.

**3.** Faites revenir dans la graisse de canard l'ail et l'oignon, toujours sur le **mode dorer,** pendant 2 minutes. Ajoutez les lardons et poursuivez la cuisson pendant 3 minutes. Ajoutez 50 cl d'eau, le fond de veau, le coulis et le piment. Salez et poivrez. Remuez.

**4.** Ajoutez les cuisses de canard, les saucisses et les haricots. Lancez le **mode sous pression** pour 5 minutes.

**5.** Parsemez le persil ciselé au moment de servir.

# PARMENTIER DE CANARD

## INGRÉDIENTS

1 gousse d'ail

Beurre

80 g d'oignons émincés

400 g de filets de canard hachés

Huile d'olive

1/2 botte de persil plat haché

800 g de pommes de terre coupées en cubes

2 c. à s. de crème fraîche

1 pincée de noix de muscade râpée

30 cl de bouillon de volaille

80 g de gruyère

**4 PERSONNES**

15 MIN 23 MIN

€€

EXPRESS

SANS GLUTEN

SPÉCIAL KIDS

**1.** Frottez un plat à gratin avec la gousse d'ail. Beurrez le plat.

**2.** Dans le Cookeo sur le **mode dorer,** faites revenir pendant 3 minutes les oignons émincés avec le canard dans un peu d'huile d'olive. Ajoutez le persil et mélangez. Versez cette préparation dans le plat à gratin.

**3.** Ajoutez les cubes de pomme de terre dans la cuve. Saupoudrez-les de sel et de poivre. Lancez le **mode sous pression** pour 10 minutes. Écrasez-les à la fourchette. Ajoutez la crème fraîche et la muscade. Mélangez. Versez la purée dans le plat à gratin. Saupoudrez de gruyère râpé.

**4.** Faites gratiner à four moyen pendant 10 minutes. Servez accompagné de quelques feuilles de mesclun.

# QUESADILLAS DE BŒUF

**INGRÉDIENTS**

2 poivrons (1 rouge et 1 vert)

400 g de bœuf haché

400 g de concassé de tomate

2 avocats

100 g de mimolette
8 tortillas de blé
1 citron vert
1 oignon
2 gousses d'ail
3 c. à s. d'huile olive
2 c. à s. d'épices mexicaines
Coriandre fraîche

**4 PERSONNES**

10 MIN — 13 MIN

€

EXPRESS

SPÉCIAL KIDS

TOUR DU MONDE

**1.** Dans le Cookeo sur le **mode dorer,** faites revenir dans l'huile l'oignon ciselé, l'ail haché et les poivrons coupés en petits cubes avec les épices.

**2.** Ajoutez le bœuf haché et versez le concassé de tomate après 5 minutes de cuisson. Lancez la **cuisson rapide** pour 5 minutes.

**3.** Mixez la chair de l'avocat avec le jus du citron et assaisonnez.

**4.** Étalez l'avocat sur les quesadillas puis répartissez la viande par-dessus. Parsemez de copeaux de mimolette et de coriandre hachée. Refermez chaque tortilla et coupez en quatre.

## INGRÉDIENTS

2 c. à s. d'huile d'olive
1 oignon
3 gousses d'ail

4 cm de gingembre frais

1 piment vert

1 boîte de concassé de tomate
2 c. à s. de sucre en poudre

4 saucisses de Strasbourg

4 pains à hot dog
1 sucrine
1 oignon rouge
Cheddar râpé
Moutarde
Citron vert

# HOT-DOGS DE ROUGAIL SAUCISSE

**4 PERSONNES**

5 MIN 20 MIN

€

EXPRESS

TOUR DU MONDE

**1.** Dans le Cookeo sur le **mode dorer,** faites revenir dans l'huile l'oignon ciselé avec l'ail haché et le gingembre frais râpé. Ajoutez le piment épépiné et coupé en morceaux puis le concassé de tomate et le sucre.

**2.** Lancez le **mode sous pression** pour 10 minutes puis passez sur le mode **maintien au chaud.** Ajoutez les saucisses pour 5 minutes.

**3.** Servez dans les pains à hot-dog avec quelques feuilles de sucrine, de l'oignon rouge et du cheddar. Agrémentez de moutarde et de citron vert selon votre goût.

**Astuce** : *délicieux, même sans piment !*

## INGRÉDIENTS

60 g de pignons de pins
3 c. à s. d'huile d'olive
1 oignon
2 gousses d'ail
1 c. à c. de cumin en poudre
1 c. à c. de ras-el-hanout

500 g de viande hachée (bœuf ou agneau)

Menthe fraîche

1 yaourt à la grecque
Le jus de 1,5 citron

4 pains pita

1/2 concombre
1/2 oignon rouge

# PAINS PITA AUX KEFTAS

**4 PERSONNES**

**5 MIN** **10 MIN**

**€**

**EXPRESS**

**TOUR DU MONDE**

**1.** Dans le Cookeo sur le **mode dorer,** torréfiez les pignons à sec pendant 3 minutes. Réservez.

**2.** Toujours sur le **mode dorer,** faites revenir dans 1 cuillerée à soupe d'huile l'oignon ciselé et l'ail haché. Ajoutez les épices et débarrassez après 3 minutes de cuisson.

**3.** Incorporez la préparation à la viande hachée et ajoutez la menthe ciselée, 1 bonne pincée de sel et l'œuf, puis formez des boulettes.

**4.** Programmez le Cookeo sur le **mode dorer** puis faites colorer rapidement les boulettes dans 2 cuillerées à soupe d'huile. Versez 20 cl d'eau et lancez le **mode sous pression** pour 4 minutes.

**5.** Mélangez le yaourt à la grecque au jus de 1/2 citron et assaisonnez. Répartissez la sauce sur les pains avec quelques dés de concombre et des lamelles d'oignon rouge. Ajoutez les keftas puis parsemez les pignons et arrosez avec le jus de citron restant avant de servir.

*Astuce : pour des keftas encore plus savoureuses, ajoutez un mélange de menthe, coriandre et persil frais à la préparation.*

## INGRÉDIENTS

35 g de beurre
50 g de farine

50 cl de lait

Muscade

Ciboulette fraîche

8 galettes de sarrasin

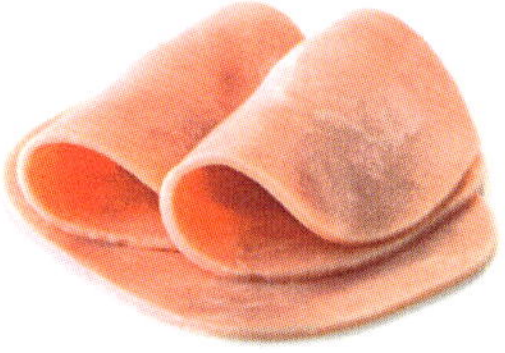

8 tranches de jambon blanc

16 tranches de fromage à burger

# CRÊPES JAMBON-FROMAGE

**4 PERSONNES**

10 MIN 7 MIN

€

EXPRESS

GRAND CLASSIQU

SPÉCIAL KIDS

**1.** Dans le Cookeo sur le **mode dorer,** faites fondre le beurre, puis ajoutez la farine et mélangez. Incorporez petit à petit le lait pour réaliser une béchamel.

**2.** Assaisonnez avec du sel, du poivre et la muscade, puis ajoutez la ciboulette ciselée.

**3.** Réchauffez les galettes au micro-ondes, puis montez les crêpes : répartissez 3 cuillerées à soupe de béchamel sur une galette, puis 2 tranches de jambon et 4 tranches de fromage. Couvrez à nouveau avec la béchamel et refermez avec une seconde galette.

# POISSONS & FRUITS DE MER

## INGRÉDIENTS

400 g de mélange de poissons surgelé

1 oignon

1 kg de pommes de terre

Huile d'olive

2 gousses d'ail écrasées

Lait

Noix de muscade en poudre

Quelques noisettes de beurre

100 g de gruyère râpé

Quelques brins d'aneth

Quelques baies roses

# GRATIN DAUPHINOIS AU POISSON

**4 PERSONNES**

20 MIN 35 MIN

€

GRAND CLASSIQU

SANS GLUTEN

SPÉCIAL KIDS

**1.** Versez 20 cl d'eau dans la cuve du Cookeo et placez les morceaux de poisson dans le panier-vapeur. Lancez le **mode sous pression** pour 3 minutes. Coupez le poisson en morceaux et réservez-le. Rincez la cuve.

**2.** Émincez l'oignon. Épluchez et coupez les pommes de terre en fines rondelles.

**3.** Dans le Cookeo sur le **mode dorer,** faites revenir l'oignon dans un peu d'huile d'olive pendant 3 minutes. Réservez.

**4.** Déposez dans la cuve du Cookeo une couche de pommes de terre, une couche d'oignon et de l'ail. Recommencez dans le même ordre jusqu'à épuisement des ingrédients. Ajoutez du lait jusqu'aux trois quarts de la hauteur de la préparation. Salez, poivrez puis saupoudrez la noix de muscade. Lancez le **mode sous pression** pour 8 minutes.

**5.** Préchauffez votre four à 180° C. Versez en plusieurs couches la préparation de pommes de terre et les morceaux de poisson dans un plat à gratin beurré. Saupoudrez de gruyère râpé, d'aneth et de baies roses. Faites gratiner pendant 20 minutes dans le four.

INGRÉDIENTS

800 g de haddock
Lait

2 petits oignons blancs

200 g de potimarron
2 c. à s. d'huile d'olive

500 g de lentilles corail
10 cl de bouillon de légumes

1 yaourt à la grecque

Quelques feuilles
de coriandre ciselées

Le jus de 1/2 citron vert

# LENTILLES CORAIL ET HADDOCK

**4 PERSONNES**

15 MIN – 8 MIN – 1 H

€

LIGHT

SANS GLUTEN

TOUR DU MONDE

**1.** Laissez tremper le haddock pendant 1 heure dans du lait froid.

**2.** Pelez les oignons, émincez-les finement et coupez le potimarron en cubes. Dans le Cookeo sur le **mode dorer,** faites-les revenir avec un peu d'huile d'olive pendant 3 minutes.

**3.** Ajoutez les lentilles, mélangez et versez le bouillon. Arrêtez la cuisson et poivrez. Déposez le haddock coupé en morceaux sur les lentilles. Lancez le **mode sous pression** pour 5 minutes.

**4.** Préparez la sauce en mélangeant le yaourt, la coriandre et le jus de citron. Poivrez. Servez les lentilles et le haddock accompagnés de cette sauce.

## INGRÉDIENTS

1 carotte

1 courgette

1 poireau

4 pommes de terre moyennes

400 g de filets de saumon frais sans la peau

1 feuille de laurier

Quelques brins d'aneth

Huile d'olive

10 cl de bouillon de légumes

Quelques baies roses

# POTÉE DE SAUMON À L'ANETH

**4 PERSONNES**

10 MIN — 6 MIN

€€

GRAND CLASSIQUE

SANS GLUTEN

**1.** Coupez les légumes en rondelles épaisses et le saumon en morceaux.

**2.** Dans la cuve du Cookeo, déposez tous les ingrédients, ajoutez la feuille de laurier puis l'aneth. Salez, poivrez. Arrosez avec 1 filet d'huile d'olive et le bouillon. Lancez le **mode sous pression** pour 6 minutes.

**3.** Servez parsemé d'aneth et de baies roses.

INGRÉDIENTS

500 g de brocolis

2 carottes
4 ciboules

200 g de haricots verts
Quelques feuilles de chou rouge

4 mini épis de maïs
2 gousses d'ail hachées
3 c. à s. d'huile de sésame
4 c. à s. de sauce soja
3 c. à s. de vinaigre de riz

400 g de filet de lieu noir

350 g de nouilles soba
Le jus de 2 citrons verts
3 c. à s. de graines de sésame grillées

# NOUILLES SOBA SAUTÉES AU LIEU NOIR ET LÉGUMES

**4 PERSONNES**

15 MIN 9 MIN

€

EXPRESS

SANS GLUTEN

TOUR DU MONDE

**1.** Coupez le brocoli en petits bouquets. Pelez les carottes et coupez-les en lanières. Coupez les ciboules en deux.

**2.** Dans le Cookeo sur le **mode dorer,** faites revenir les légumes dans l'huile de sésame pendant 5 minutes. Déglacez avec la sauce soja et le vinaigre de riz.

**3.** Arrêtez la cuisson et ajoutez le poisson coupé en cubes. Lancez le **mode sous pression** pour 4 minutes.

**4.** Faites cuire les nouilles soba selon les indications du paquet. Ajoutez-les dans la cuve du Cookeo et mélangez délicatement. Arrosez avec le jus de citron et parsemez les graines de sésame et la coriandre ciselée.

## INGRÉDIENTS

1 citron confit au sel

2 dorades vidées et écaillées (800 g chacune)

100 g d'olives vertes

1 dosette de safran en poudre

1 c. à s. de ras-el-hanout

2 fenouils

1 bouquet de coriandre fraîche

6 c. à s. d'huile d'olive

1 oignon

# TAJINE DE DORADE AU CITRON ET AUX OLIVES

**4 PERSONNES**

**10 MIN** **15 MIN**

**€**

EXPRESS

SANS GLUTEN

TOUR DU MONDE

**1.** Coupez le citron en huit. Coupez les dorades en tronçons et mettez-les dans un saladier avec le citron, la moitié de l'huile, le safran et le ras-el-hanout. Salez et poivrez. Mélangez bien.

**2.** Émincez l'oignon. Coupez les fenouils en quatre. Rincez et effeuillez la coriandre.

**3.** Dans le Cookeo sur le **mode dorer,** faites revenir dans l'huile chauffée l'oignon et les fenouils pendant 3 minutes environ.

**4.** Ajoutez le contenu du saladier. Parsemez d'olives et versez 20 cl d'eau. Lancez le **mode sous pression** pour 12 minutes.

**5.** Parsemez de coriandre effeuillée au moment de servir.

# JOUES DE LOTTE
# À L'INDIENNE

**4 PERSONNES**

10 MIN 14 MIN

€€€

EXPRESS

SANS GLUTEN

TOUR DU MONDE

## INGRÉDIENTS

2 poivrons jaunes

3 tomates

8 joues de lotte

1 c. à c. de curry

30 cl de lait de coco

2 c. à s. d'huile d'olive

**1.** Dans le Cookeo sur le **mode dorer,** faites revenir dans l'huile les poivrons pendant 6 minutes.

**2.** Ajoutez les tomates et prolongez la cuisson de 1 minute tout en remuant.

**3.** Ajoutez les joues de lotte et le curry, assaisonnez, mélangez et versez le lait de coco. Lancez le **mode sous pression** pour 7 minutes.

COURGETTES FARCIESAU MERLU ET AUX OLIVES

GRATIN DE CABILLAUD ET CHOU-FLEUR

## INGRÉDIENTS

1/2 chou-fleur
Huile d'olive

1 c. à c. de curcuma

500 g de dos de cabillaud
1/2 c. à s. de fécule de maïs

20 cl de crème fraîche liquide

1 œuf

70 g de gruyère râpé

20 g de parmesan râpé
Noix de muscade
1/2 bouquet d'aneth ciselé

# GRATIN DE CABILLAUD ET CHOU-FLEUR

**4 PERSONNES**

15 MIN 27 MIN

€

GRAND CLASSIQUE

SANS GLUTEN

**1.** Taillez le chou-fleur en bouquets. Versez 20 cl d'eau dans la cuve du Cookeo et placez les fleurettes dans le panier-vapeur. Lancez le **mode sous pression** pour 3 minutes. Retirez l'eau et rincez la cuve.

**2.** Dans le Cookeo sur le **mode dorer,** faites revenir le chou-fleur dans l'huile d'olive avec le curcuma pendant 3 minutes. Retirez et réservez. Rincez la cuve.

**3.** Versez 20 cl d'eau dans la cuve et faites cuire le cabillaud dans le panier-vapeur pendant 4 minutes. Retirez-le et effilochez-le.

**4.** Préchauffez votre four à 200 °C. Dans un saladier, incorporez la fécule, la crème et l'œuf puis battez jusqu'à l'obtention d'un mélange homogène. Ajoutez la moitié des fromages puis mélangez. Assaisonnez avec le sel, le poivre et la muscade.

**5.** Déposez le chou-fleur et le poisson dans un plat à gratin puis nappez avec la préparation au fromage. Parsemez le reste de fromage et l'aneth. Enfournez pour 20 minutes.

# COURGETTES FARCIES AU MERLU ET AUX OLIVES

**4 PERSONNES**

15 MIN 20 MIN

€

LIGHT

SANS GLUTEN

**1.** Préchauffez le four à 200 °C. Coupez le filet de merlu en gros morceaux et mixez-les avec les herbes, les pignons, l'ail et 4 cuillerées à soupe d'huile d'olive afin d'obtenir une purée. Salez et poivrez. Réservez.

**2.** Coupez le haut des courgettes. À l'aide d'une petite cuillère, évidez-les.

**3.** Versez 20 cl d'eau dans la cuve du Cookeo et placez les courgettes ainsi que leur chapeau dans le panier-vapeur. Lancez le **mode sous pression** pour 5 minutes. Laissez refroidir.

**4.** Garnissez chaque courgette avec la préparation au poisson et 4 olives noires. Placez-les dans un plat avec leur chapeau. Arrosez avec 1 filet d'huile d'olive et enfournez pour 15 minutes.

## INGRÉDIENTS

400 g de filet de merlu

Quelques feuilles de basilic

Quelques feuilles de menthe

1 c. à s. de pignons de pin

1 gousse d'ail

Huile d'olive

4 courgettes rondes

16 olives noires dénoyautées

## INGRÉDIENTS

600 g de chair de lieu jaune

2 fenouils moyens

5 citrons verts
Huile d'olive

2 c. à s. de sauce soja

Baies roses

600 g de pommes de terre (type Charlotte)
Quelques brins de ciboulette

# BROCHETTES DE LIEU JAUNE, POMMES DE TERRE ET FENOUIL

**4 PERSONNES**

10 MIN · 19 MIN

€€

EXPRESS

RECETTE WAOUH

**1.** Coupez la chair de poisson en dés réguliers. Coupez le fenouil en lamelles. Coupez un demi-citron en rondelles. Faites-les mariner avec le poisson dans le jus de 1 citron vert, 1 cuillerée à soupe d'huile d'olive, la sauce soja et quelques baies roses.

**2.** Formez des brochettes en alternant 1 morceau de poisson, 1 rondelle de citron et 1 lamelle de fenouil.

**3.** Épluchez les pommes de terre et coupez-les en morceaux.

**4.** Versez 40 cl d'eau dans la cuve du Cookeo et déposez les pommes de terre dans le panier-vapeur. Lancez le **mode sous pression** pour 12 minutes.

**5.** Écrasez les pommes de terre à la fourchette, arrosez avec 1 filet d'huile d'olive, salez et poivrez. Parsemez la ciboulette ciselée. Réservez au chaud.

**6.** Rincez la cuve du Cookeo et versez-y 20 cl d'eau. Déposez les brochettes dans le panier-vapeur. Lancez le **mode sous pression** pour 7 minutes. Arrosez avec le jus et le zeste des citrons verts restants. Servez accompagné de la purée de pomme de terre.

INGRÉDIENTS

8 pommes de terre

Huile d'olive

20 cl de lait

400 g de dos de cabillaud

2 gousses d'ail

Quelques brins de persil ciselés

# BRANDADE DE CABILLAUD

**4 PERSONNES**

**10 MIN** **12 MIN**

**€**

EXPRESS

GRAND CLASSIQUE

SANS GLUTEN

**1.** Pelez et coupez les pommes de terre en rondelles. Dans le Cookeo sur le **mode dorer,** faites-les revenir dans un peu d'huile d'olive pendant 10 minutes.

**2.** Versez le lait et 12 cl d'eau. Salez et poivrez. Ajoutez les dos de cabillaud. Lancez le **mode sous pression** pour 2 minutes.

**3.** Réduisez la préparation en purée à l'aide d'une fourchette. Saupoudrez le persil ciselé et versez 1 filet d'huile d'olive avant de servir.

## INGRÉDIENTS

2 petites courgettes

1 poivron rouge

1 oignon rouge

4 filets de bar sans la peau (150 g chacun environ)

4 c. à s. de pesto de basilic

Quelques feuilles de basilic
Huile d'olive

Quelques pignons de pin

# PAPILLOTES DE BAR, COURGETTES ET POIVRONS

**4 PERSONNES**

10 MIN 10 MIN

€

EXPRESS

LIGHT

SANS GLUTEN

**1.** Coupez la courgette et le poivron en petits cubes. Émincez l'oignon finement.

**2.** Placez les filets de bar dans des feuilles de papier cuisson. Étalez 1 cuillerée à soupe de pesto sur chaque filet. Répartissez les légumes et les feuilles de basilic sur les filets. Arrosez avec 1 filet d'huile d'olive, du sel et du poivre.

**3.** Versez 40 cl d'eau dans la cuve du Cookeo et déposez les papillotes dans le panier-vapeur. Lancez le **mode sous pression** pour 10 minutes.

INGRÉDIENTS

12 cœurs d'artichauts en conserve

4 pavés de lieu (150 g chacun environ)

4 c. à s. de pesto aux tomates séchées

# PAPILLOTES DE LIEU AUX ARTICHAUTS

**4 PERSONNES**

10 MIN 6 MIN

€€

EXPRESS

LIGHT

SANS GLUTEN

**1.** Sur un grand carré de papier cuisson, déposez les artichauts coupés en quartiers puis le poisson. Tartinez de pesto et fermez en papillote.

**2.** Déposez dans le panier-vapeur du Cookeo. Placez-le sur la cuve du Cookeo remplie de 20 cl d'eau. Lancez le **mode sous pression** pour 6 minutes.

*Astuce : vous pouvez remplacer le pesto aux tomates séchées par un pesto vert classique, en suivant la recette de la p. 366.*

INGRÉDIENTS

4 poignées de pousses d'épinard

4 pavés de cabillaud (environ 150 g chacun)

1 citron

1 filet d'huile d'olive

# PAPILLOTES DE CABILLAUD AUX ÉPINARDS

**4 PERSONNES**

5 MIN – 6 MIN

€

EXPRESS

LIGHT

SANS GLUTEN

**1.** Déposez une poignée d'épinards au centre d'un grand carré de papier cuisson, puis placez un pavé de cabillaud dessus.

**2.** Salez, assaisonnez de quelques gouttes de jus de citron et refermez le papier en portefeuille. Repliez les extrémités sur elles-mêmes. Faites de même pour les 3 pavés restants.

**3.** Déposez les papillotes dans le panier-vapeur du Cookeo en les empilant. Remplissez la cuve du Cookeo avec 20 cl d'eau et déposez le panier dessus. Lancez le **mode sous pression** pour 6 minutes.

**4.** Servez arrosé de 1 filet d'huile d'olive.

## INGRÉDIENTS

150 g de pois gourmands

150 g d'oseille

200 g de petits pois frais écossés

200 g de brocolis
Huile d'olive

4 pavés de saumon avec la peau

Quelques baies roses
40 cl de fumet de poisson

4 c. à s. de crème fraîche

# PAPILLOTES DE SAUMON À L'OSEILLE

**4 PERSONNES**

**10 MIN** **8 MIN**

**€€**

**EXPRESS**

**GRAND CLASSIQUE**

**SANS GLUTEN**

**1.** Coupez le brocoli en petits bouquets.

**2.** Répartissez un quart des légumes sur une feuilles de papier cuisson. Salez, poivrez et arrosez avec 1 filet d'huile d'olive. Déposez sur les légumes 1 pavé de saumon. Parsemez de quelques baies roses, puis fermez la papillote. Faites de même pour les 3 pavés restants.

**3.** Versez le fumet de poisson dans la cuve du Cookeo et déposez les papillotes dans le panier-vapeur. Lancez le **mode sous pression** pour 8 minutes.

## INGRÉDIENTS

1 morceau de gingembre frais de 3 cm

1 gousse d'ail

1 c. à c. de fécule de maïs

6 c. à s. de tamari (sauce soja japonaise)

1 c. à s. rase de cassonade

4 pavés de saumon (150 g chacun environ)

# SAUMON VAPEUR À LA JAPONAISE

**4 PERSONNES**

**10 MIN** **6 MIN**

**€€**

**EXPRESS**

**TOUR DU MONDE**

**1.** Pelez et hachez le gingembre et l'ail. Dans un bol, délayez la fécule avec le tamari, puis ajoutez le gingembre, l'ail et la cassonade.

**2.** Déposez le saumon à plat dans une assiette creuse aux dimensions du panier-vapeur du Cookeo. Arrosez avec le contenu du bol. Recouvrez l'assiette de film alimentaire spécial cuisson.

**3.** Déposez dans le panier-vapeur. Placez-le sur la cuve du Cookeo remplie de 20 cl d'eau. Lancez le **mode sous pression** pour 6 minutes.

*Astuce : vous trouverez la sauce tamari en épicerie asiatique ou en magasin bio.*

# DORADES AU CÉLERI ET PETITS POIS À LA MENTHE

**4 PERSONNES**

10 MIN 9 MIN

€€

EXPRESS

LIGHT

RECETTE WAOUH

## INGRÉDIENTS

4 petites dorades écaillées et vidées

1 fenouil

2 branches de céleri

4 badianes

1 oignon

400 g de petits pois écossés surgelés

Menthe fraîche

Fumet de poisson

1 c. à c. de graines de fenouil

**1.** Émincez le fenouil et le céleri en bâtonnets, puis garnissez-en joliment les poissons. Ajoutez une badiane dans chaque poisson puis ficelez-les en rôti et placez-les au réfrigérateur.

**2.** Lancez le Cookeo sur le **mode dorer** et faites revenir l'oignon émincé. Ajoutez les petits pois, 3 brins de menthe, 1 pincée de sel et couvrez à moitié d'eau. Lancez le **mode sous pression** pour 4 minutes puis débarrassez.

**3.** Nettoyez la cuve du Cookeo et placez-y les poissons. Couvrez à moitié d'eau et ajoutez le reste des épices, le fumet de poisson, 1 pincée de sel puis programmez le **mode sous pression** pour 3 minutes.

**4.** Servez le poisson avec les petits pois à la menthe.

# DORADES
# À L'ESPAGNOLE

## INGRÉDIENTS

100 g de chorizo

2 gousses d'ail

2 pincées de cumin en poudre

Le zeste et le jus de 2 citron jaunes bio

Quelques brins de persil ciselés

Huile d'olive

2 dorades de 400 g écaillée set vidées

6 oignons blancs

1 kg de pommes de terre

2 pincée de safran

**4 PERSONNES**

20 MIN — 25 MIN

€

RECETTE WAOUH

SANS GLUTEN

TOUR DU MONDE

**1.** Préparez la farce. Retirez la peau du chorizo et coupez-le en petits dés. Hachez l'ail. Mélangez dans un bol le chorizo et l'ail avec le cumin, le zeste et le jus des citrons. Ajoutez le persil et 4 cuillerées à soupe d'huile d'olive. Poivrez et mélangez.

**2.** Garnissez chaque dorade avec 1 cuillerée à soupe de farce. Émincez les oignons et épluchez les pommes de terre. Coupez-les en rondelles. Délayez le safran dans 10 cl d'eau chaude.

**3.** Dans le Cookeo sur le **mode dorer,** faites revenir les pommes de terre et les oignons avec un peu d'huile d'olive pendant 10 minutes. Arrêtez la cuisson et versez l'eau safranée.

**4.** Déposez la dorade sur les pommes de terre et recouvrez-la avec le reste de farce. Lancez le **mode sous pression** pour 15 minutes.

INGRÉDIENTS

1 botte de persil plat

4 gousses d'ail

600 g de pommes de terre

8 filets de rouget
Huile d'olive

Piment d'Espelette

# ROUGETS GRILLÉS ET POMMES DE TERRE À LA PROVENÇALE

**4 PERSONNES**

10 MIN 25 MIN

€€

EXPRESS

GRAND CLASSIQUE

SANS GLUTEN

**1.** Mixez les feuilles de persil avec les gousses d'ail émincées. Pelez les pommes de terre et coupez-les en cubes.

**2.** Versez 40 cl d'eau dans la cuve du Cookeo. Placez les pommes de terre dans le panier-vapeur et lancez le **mode sous pression** pour 10 minutes.

**3.** Rincez la cuve et faites revenir les pommes de terre dans un peu d'huile d'olive pendant 10 minutes en remuant régulièrement. Ajoutez la moitié du mélange au persil. Remuez et réservez au chaud.

**4.** Ajoutez les filets de rouget dans la cuve, arrosez-les d'huile d'olive, de sel et de piment, puis faites-les cuire sur le **mode dorer** pendant 5 minutes en les retournant à mi-cuisson. Parsemez le reste du mélange au persil.

**5.** Servez les filets de rouget avec les pommes de terre.

# MAQUEREAUX À LA MOUTARDE ET BLÉ

## 4 PERSONNES

10 MIN 12 MIN

€

EXPRESS

GRAND CLASSIQU

## INGRÉDIENTS

2 échalotes
Huile d'olive

200 g de blé cru

5 cl de vin blanc
2 c. à c. de fumet de poisson

2 pincées de piment d'Espelette

2 c. à s. de ciboulette

8 filets de maquereau
2 c. à s. de crème

4 c. à c. de moutarde

**1.** Émincez l'échalote. Dans le Cookeo sur le **mode dorer,** faites-la revenir dans un peu d'huile d'olive pendant 2 minutes. Ajoutez le blé et mélangez.

**2.** Déglacez avec le vin blanc et 25 cl d'eau. Saupoudrez de fumet de poisson, de piment et de ciboulette.

**3.** Arrêtez la cuisson et ajoutez les filets de maquereau. Lancez le **mode sous pression** pour 10 minutes.

**4.** Mélangez la crème avec la moutarde et le reste de la ciboulette. Salez, poivrez.

**5.** Au moment de servir, nappez les filets de maquereaux de la sauce à la moutarde et parsemez-les du reste de ciboulette.

# RÔTI DE SAUMON FARCI AUX LÉGUMES

## INGRÉDIENTS

2 oignons nouveaux

1/2 poivron rouge

150 g d'épinards frais

2 filets de saumon épais sans la peau (400 g x 2)

3 c. à s. de fines herbes fraîches (ciboulette, persil)

2 c. à s. d'huile d'olive

1 c. à s. de vinaigre balsamique

Quelques baies roses

20 cl de fumet de poisson

Le jus et le zeste de 1 citron vert bio

**4 PERSONNES**

**15 MIN** **10 MIN**

**€€**

**EXPRESS**

**RECETTE WAOUH**

**1.** Nettoyez les légumes. Coupez les oignons et le poivron en petits cubes. Hachez les épinards au couteau.

**2.** Recouvrez un des filets de saumon avec l'épinard, l'oignon et le poivron. Parsemez les fines herbes ciselées puis arrosez avec 1 cuillerée à soupe d'huile d'olive et de vinaigre balsamique. Déposez le deuxième filet de saumon dessus. Ficelez l'ensemble. Arrosez avec une deuxième cuilllerée d'huile d'olive et parsemez des baies roses.

**3.** Versez le fumet de poisson dans la cuve du Cookeo et déposez le rôti de saumon sur une feuille de papier cuisson dans le panier-vapeur. Lancez le **mode sous pression** pour 10 minutes.

**4.** Arrosez avec le jus et le zeste du citron vert au moment de servir.

## INGRÉDIENTS

8 tomates bien mûres

2 oignons nouveaux
2 gousses d'ail
Huile d'olive

2 c. à s. d'origan
2 feuilles de laurier

Quelques feuilles de basilic ciselées

2 steaks de thon (200 g chacun environ)

Quelques graines de sésame

# STEAKS DE THON À LA TOMATE ET ORIGAN

**4 PERSONNES**

10 MIN 22 MIN

€€

LIGHT

SANS GLUTEN

RECETTE WAOUH

**1.** Lavez et pelez les tomates. Coupez-les en dés. Pelez et émincez l'oignon et la gousse d'ail.

**2.** Dans le Cookeo sur le **mode dorer,** faites revenir l'ail et l'oignon dans l'huile pendant 2 minutes.

**3.** Ajoutez les tomates, mélangez et parsemez des aromates. Lancez le **mode mijoter** pour 15 minutes. Salez et poivrez. Réservez la sauce tomate. Rincez la cuve.

**3.** Salez et poivrez le thon des 2 côtés. Saisissez-le sur le **mode dorer** pendant 5 minutes en le retournant à mi-cuisson. Parsemez le thon de graines de sésame et coupez-le en lamelles.

**4.** Servez nappé de sauce tomate avec, par exemple, du riz ou des pommes sautées en accompagnement.

# HAMBURGERS DE SAUMON, SAUCE À L'ANETH

## 4 PERSONNES

15 MIN · 5 MIN

€€

EXPRESS

SPÉCIAL KIDS

RECETTE WAOUH

## INGRÉDIENTS

2 tomates

1/2 concombre

400 g de filets de saumon frais sans la peau

Huile d'olive

Le jus de 1 citron

Quelques baies roses

2 c. à s. de fromage frais à tartiner

1 pot de yaourt à la grecque

1/2 botte d'aneth

4 pains à hamburger

Quelques feuilles de roquette

**1.** Coupez les tomates et le concombre en fines rondelles.

**2.** Hachez au couteau les filets de saumon afin d'obtenir un tartare. Assaisonnez avec 1 filet d'huile d'olive, du jus de citron, de la fleur de sel et des baies roses. Mélangez le tout et formez 4 galettes régulières à l'aide d'un emporte-pièce.

**3.** Dans le Cookeo sur le **mode dorer,** saisissez dans l'huile les steaks de saumon pendant 5 minutes environ en les retournant à mi-cuisson. Réservez.

**4.** Dans un bol, fouettez le fromage frais avec le yaourt. Ajoutez de l'aneth ciselé, du sel et du poivre.

**5.** Faites dorer les pains puis coupez-les en deux. Étalez sur chaque base de pain de la sauce à l'aneth puis déposez quelques feuilles de roquette, 1 rondelle de tomate et 1 rondelle de concombre. Ajoutez le steak de saumon, arrosez avec 1 trait d'huile et déposez 1 ou 2 feuilles de roquette. Étalez 1 cuillerée de crème à l'aneth sur le chapeau des pains et refermez les burgers.

INGRÉDIENTS

200 g de spaghettis complets

1 cube de bouillon de légumes

1 boîte de thon entier à l'huile d'olive (160 g)

100 g d'olives mélangées

4 c. à s. de fromage à la crème (type Philadelphia®)

1 poignée d'épinards

# SPAGHETTIS AU THON ET AUX OLIVES

**4 PERSONNES**

5 MIN 9 MIN

€

EXPRESS

TOUR DU MONDE

**1.** Déposez dans la cuve du Cookeo les spaghettis coupés en deux, le cube de bouillon émietté et 60 cl d'eau. Lancez le **mode sous pression** pour 4 minutes.

**2.** Ajoutez le thon, les olives, le fromage et les épinards. Refermez le couvercle du Cookeo et lancez le **mode maintien au chaud** pendant 5 minutes, le temps de cuire les épinards. Poivrez au dernier moment.

## INGRÉDIENTS

400 g de crevettes crues

1 c. à s. d'huile de sésame

2 c. à c. de sauce soja

1 c. à c. de sucre en poudre

Quelques brins de coriandre

12 carrés de pâte wonton

Sauce aigre-douce

# RAVIOLIS DE CREVETTES À LA VAPEUR

**4 PERSONNES**

15 MIN 5 MIN

€

EXPRESS

SPÉCIAL KIDS

TOUR DU MONDE

**1.** Décortiquez les crevettes. Hachez-les et mélangez la chair avec l'huile, la sauce soja et le sucre. Parsemez de coriandre ciselée et mélangez.

**2.** Déposez un peu de farce sur chaque carré de wonton. Humidifiez les bords des carrés et pliez-les en deux, tout en chassant bien l'air. Découpez les raviolis de façon à leur donner une forme arrondie.

**3.** Versez 20 cl d'eau dans la cuve du Cookeo. Placez les raviolis dans le panier-vapeur et lancez le **mode sous pression** pour 5 minutes.

**4.** Accompagnez les raviolis de sauce aigre-douce.

*Astuce : vous pouvez servir ces raviolis accompagnés de riz blanc et d'une salade de chou par exemple. Ils seront aussi parfaits pour un apéro dînatoire aux notes asiatiques.*

## INGRÉDIENTS

200 g de riz jasmin

150 g de petits pois surgelés

2 œufs

2 c. à s. de sauce soja

200 g de petites crevettes décortiquées surgelées

2 ciboules hachées

2 c. à s. d'huile de tournesol

# RIZ CANTONAIS AUX CREVETTES

**4 PERSONNES**

**10 MIN** **15 MIN**

**€**

**EXPRESS**

**SANS GLUTEN**

**TOUR DU MONDE**

**1.** Déposez dans la cuve du Cookeo le riz, l'huile, les petits pois et 35 cl d'eau légèrement salée.

**2.** Lancez le **mode sous pression** pour 8 minutes.

**3.** Battez les œufs à la fourchette avec la sauce soja. Mélangez-les délicatement au riz avec les crevettes décongelées et épongées.

**4.** Refermez le couvercle du Cookeo et lancez le **mode maintien au chaud** pendant 5 minutes, le temps de cuire les œufs et les crevettes. Servez parsemé de ciboule.

*Astuce : vous pouvez remplacer les crevettes par du jambon coupé en dés.*

**INGRÉDIENTS**

200 g de riz basmati

1 brocoli

500 g de grosses crevettes décortiquées

2 c. à s. de pâte de curry verte

50 cl de lait de coco
1 poivron rouge
1 c. à s. de sucre en poudre
2 c. à s. de nuoc-mâm
3 c. à s. d'huile de tournesol
2 gousses d'ail
2 branches de céleri
3 cm de gingembre frais
Cébettes

# CURRY VERT DE CREVETTES, BROCOLI ET RIZ

**4 PERSONNES**

10 MIN 15 MIN

€

EXPRESS

TOUR DU MONDE

**1.** Faites cuire le riz basmati selon les indications préenregistrées dans le Cookeo et réservez.

**2.** Coupez le brocoli en bouquets et placez-les dans le panier-vapeur du Cookeo. Versez 20 cl d'eau dans la cuve et lancez le **mode sous pression** pour 3 minutes.

**3.** Dans le Cookeo sur le **mode dorer,** faites revenir dans l'huile l'ail haché et le gingembre râpé. Ajoutez le céleri émincé et le poivron coupé en petits cubes.

**4.** Après 3 minutes de cuisson, ajoutez le sucre et le nuoc-mâm. Ajoutez la pâte de curry verte et le lait de coco. Mélangez bien et ajoutez les crevettes ainsi que les brocolis pour 3 minutes de cuisson supplémentaire toujours sur le **mode dorer.** Servez avec des cébettes émincées.

*Astuce : vous pouvez ajouter un piment épépiné coupé en morceaux si vous aimez les plats plus relevés.*

## INGRÉDIENTS

800 g de pommes de terre

400 g de queues de crevettes décortiquées surgelées

1 piment sec

Quelques feuilles de menthe ciselées

Quelques brins de ciboulette ciselés

2 yaourts à la grecque

1 c. à s. de jus + 1 c. à s. de zeste de citron bio

# CREVETTES, FRITES VAPEUR ET SAUCE PIMENT

**4 PERSONNES**

15 MIN 5 MIN

€

EXPRESS

SANS GLUTEN

**1.** Fouettez les yaourts avec le jus et le zeste de citron, salez légèrement. Émiettez le piment et incorporez-le à la sauce.

**2.** Pelez les pommes de terre, taillez-les en frites, puis rincez-les. Versez 20 cl d'eau dans la cuve du Cookeo. Placez les frites dans le panier-vapeur recouvert de papier cuisson et faites cuire pendant 3 minutes.

**3.** Ajoutez les crevettes et lancez le **mode sous pression** pour 2 minutes.

**4.** Servez les frites et les crevettes saupoudrées de menthe, de ciboulette, de sel et de poivre. Accompagnez de sauce au yaourt pimentée.

# RIZ CRÉOLE AUX CREVETTES ET CHORIZO

**4 PERSONNES**

15 MIN 20 MIN

€

SANS GLUTEN

TOUR DU MONDE

## INGRÉDIENTS

3 gousses d'ail nouveau

1 oignon doux

250 g de poivron vert et de poivron rouge

100 g de céleri

Huile d'olive

200 g de chorizo coupé en rondelles

400 g de tomates pelées et concassées

3 clous de girofle

1/2 c. à c. de piment de Cayenne en poudre

300 g de riz long

60 cl de bouillon de volaille

15 crevettes crues surgelées

Quelques branches de coriandre

**1.** Épluchez l'ail et l'oignon puis émincez-les. Rincez et coupez les poivrons en petits cubes. Taillez le céleri en bâtonnets.

**2.** Dans le Cookeo sur le **mode dorer,** faites revenir tous les légumes dans un peu d'huile d'olive pendant 5 minutes. Ajoutez le chorizo et faites cuire pendant 2 minutes, puis retirez-le et réservez-le.

**3.** Ajoutez les tomates, les clous de girofle, le laurier, le persil, de la fleur de sel et le piment dans la cuve. Faites revenir pendant quelques minutes.

**4.** Ajoutez le riz et le bouillon bien chaud. Lancez le **mode sous pression** pour 6 minutes. Ajoutez les crevettes et le chorizo. Poursuivez la cuisson pendant 4 minutes.

**5.** Au moment de servir, parsemez de coriandre ciselée.

# GAMBAS
# ET BOULGOUR AUX HERBES

**4 PERSONNES**

10 MIN 10 MIN

€€

EXPRESS

LIGHT

## INGRÉDIENTS

200 g de boulgour
7 c. à s. d'huile d'olive

1 poivron rouge

12 anchois

6 c. à s. de câpres
1 c. à s. d'ail semoule

Estragon frais

Cerfeuil frais

400 g de gambas
Le jus de 1 citron

**1.** Dans le Cookeo sur le **mode dorer**, faites revenir le boulgour dans 2 cuillerées à soupe d'huile avec le poivron rouge coupé en petits cubes. Versez 18 cl d'eau et lancez le **mode sous pression** pour 7 minutes.

**2.** Réunissez dans le bol d'un mixeur les anchois, les câpres, le reste d'huile, l'ail, 4 cuillerées à soupe d'eau et les herbes hachées. Mixez jusqu'à l'obtention d'une sauce. Mélangez la moitié de la sauce avec le boulgour.

**3.** Dans le Cookeo sur le **mode dorer**, faites revenir les gambas décortiquées. Après 2 minutes de cuisson, ajoutez le reste de sauce et enrobez bien.

**4.** Servez le tout avec un trait de jus de citron frais.

*Astuce : si vous en trouvez, utilisez des gambas crues, bien plus savoureuses ! Dans ce cas, prolongez la cuisson de 5 minutes.*

ENCORNETS FARCIS, BURRATA ET CÂPRES

BROCHETTES DE SAINT-JACQUES AUX AGRUMES

## INGRÉDIENTS

12 encornets moyens (vidés et nettoyés)
Huile d'olive

15 tomates cerises

200 g de burrata

15 câpres au vinaigre

Quelques brins de persil plat

# ENCORNETS FARCIS, BURRATA ET CÂPRES

**4 PERSONNES**

15 MIN 18 MIN

€€

SANS GLUTEN

RECETTE WAOUH

**1.** Rincez les encornets et coupez les tentacules en petits morceaux.

**2.** Dans le Cookeo sur le **mode dorer,** faites revenir dans 2 cuillerées à soupe d'huile les tomates pendant 5 minutes. Salez et poivrez.

**3.** Mélangez la burrata avec les tomates cuites, ajoutez 8 câpres hachées, quelques feuilles de persil ciselées et mixez. Farcissez les encornets avec ce mélange. Fermez chaque encornet avec un cure-dents.

**4.** Dans le Cookeo sur le **mode dorer,** faites revenir les encornets dans un peu d'huile d'olive pendant 3 minutes avec le reste de tomates cerises et les câpres. Retirez les câpres et les tomates. Versez 10 cl d'eau. Lancez le **mode sous pression** pour 10 minutes.

**5.** Servez les encornets accompagnés des tomates et des câpres revenus dans l'huile. Versez 1 filet d'huile d'olive avant de déguster.

# BROCHETTES DE SAINT-JACQUES AUX AGRUMES

**4 PERSONNES**

15 MIN 5 MIN 1 H

€€€

SANS GLUTEN

RECETTE WAOUH

**1.** Râpez les zestes des oranges et du citron. Râpez le gingembre.

**2.** Pressez les oranges. Ajoutez au jus obtenu les zestes, le gingembre, le vinaigre et l'huile. Mélangez. Ajoutez les noix de Saint-Jacques et faites mariner pendant 1 heure au réfrigérateur.

**3.** Égouttez les noix de Saint-Jacques, formez des brochettes et faites-les cuire dans la cuve du Cookeo sur le **mode dorer** pendant 5 minutes, en les retournant à mi-cuisson.

*Astuce : vous pouvez accompagner les brochettes d'une purée de patate douce.*

## INGRÉDIENTS

2 oranges bio

1 citron vert bio

2 morceaux de gingembre frais

5 c. à s. de vinaigre balsamique

1 c. à s. d'huile olive

20 noix de Saint-Jacques

## INGRÉDIENTS

4 pommes de terre

1 carotte

1 blanc de poireau

12 cl de vin blanc sec

600 g de fruits de mer mélangés surgelés
1 oignon
6 c. à s. d'aïoli
3 c. à s. d'huile d'olive
1 c. à s. de pastis (facultatif)
1 c. à c. d'épices à paëlla
1/2 bouquet de persil frais haché

# BOURRIDE DE FRUITS DE MER

**4 PERSONNES**

15 MIN 15 MIN

€

EXPRESS

SANS GLUTEN

GRAND CLASSIQUE

**1.** Pelez les pommes de terre. Coupez-les en rondelles ainsi queles carottes et le poireau. Hachez l'oignon.

**2.** Dans le Cookeo sur le **mode dorer,** faites revenir dans l'huile l'oignon pendant 3 minutes. Versez le vin blanc et éventuellement le pastis. Faites réduire de moitié pendant 3 minutes environ. Ajoutez les autres légumes, les fruits de mer non décongelés, les épices et 15 cl d'eau. Salez et poivrez.

**3.** Lancez le **mode sous pression** pour 9 minutes.

**4.** Incorporez l'aïoli au jus de cuisson et servez aussitôt le tout parsemé de persil.

# BLANQUETTE DE FRUITS DE MER À L'OSEILLE

## INGRÉDIENTS

600 g de fruits de mer congelés

2 carottes

300 g de pommes de terre rattes

2 courgettes

2 branches de céleri

1 botte d'oseille

25 cl de crème liquide entière

2 c. à s. d'huile d'olive

2 échalotes

20 g de beurre

1/2 sachet de court-bouillon

**4 PERSONNES**

10 MIN — 13 MIN

€

EXPRESS

SANS GLUTEN

**1.** Dans le Cookeo sur le **mode dorer,** faites revenir dans l'huile les fruits de mer avec les échalotes ciselées pendant 3 minutes.

**2.** Réservez et faites fondre le beurre dans la cuve. Ajoutez les carottes coupées en rondelles et les pommes de terre coupées en deux, puis ajoutez 1,5 l d'eau et le court-bouillon. Lancez la **cuisson rapide** pour 5 minutes.

**3.** Ajoutez les courgettes coupées en rondelles et le céleri émincé puis relancez pour 5 minutes de cuisson toujours sur le mode **cuisson rapide.**

**4.** Ajoutez la crème liquide et servez avec l'oseille hachée.

# RIZ AUX FRUITS DE MER

## INGRÉDIENTS

1 oignon

2 gousses d'ail

1 tomate bien mûre

200 g de riz à paëlla

400 g de fruits de mer mélangés surgelés

1 c. à s. d'épices à paëlla
2 c. à s. d'huile d'olive

**4 PERSONNES**

5 MIN — 12 MIN

€

EXPRESS

SANS GLUTEN

**1.** Hachez l'ail et l'oignon puis coupez la tomate en dés.

**2.** Dans le Cookeo sur le **mode dorer,** faites dorer dans l'huile chauffée l'oignon et l'ail pendant 2 minutes. Ajoutez la tomate, le riz, les fruits de mer, les épices et 50 cl d'eau. Salez et poivrez.

**3.** Lancez le **mode sous pression** pour 10 minutes.

**4.** Goûtez : si le riz est encore un peu trop dur, éteignez l'appareil et refermez le couvercle du Cookeo pour quelques minutes, la cuisson continuera.

## INGRÉDIENTS

12 noix de Saint-Jacques

15 g de beurre salé

2 c. à s. de whisky

15 cl de crème liquide

2 c. à s. de persil frais ciselé

# NOIX DE SAINT-JACQUES À LA CRÈME DE WHISKY

**4 PERSONNES**

10 MIN · 2 MIN

€€€

EXPRESS

SANS GLUTEN

RECETTE WAOUH

**1.** Dans le Cookeo sur le **mode dorer,** saisissez les noix de Saint-Jacques poivrées dans le beurre fondu, pendant 1 minute sur chaque face.

**2.** Arrêtez la cuisson, arrosez avec le whisky et versez doucement la crème en remuant pendant quelques secondes. Parsemez de persil ciselé.

# POULPE À LA GALICIENNE

**INGRÉDIENTS**

1/2 bouquet de persil frais

4 gousses d'ail

6 pommes de terre rouges

1 kg de tentacules de poulpe frais ou surgelés

1 c. à c. de mélange cinq baies

1 bouquet garni

Pimentón en poudre

1 c. à s. rase de gros sel

6 c. à s. d'huile d'olive

**4 PERSONNES**

15 MIN 15 MIN

€€

RECETTE WAOUH

SANS GLUTEN

TOUR DU MONDE

**1.** Effeuillez le persil (gardez les queues). Pelez l'ail et hachez-le avec le persil. Rincez les pommes de terre puis coupez-les en grosses rondelles avec la peau. Placez-les dans le panier-vapeur du Cookeo.

**2.** Déposez le poulpe dans la cuve avec le gros sel et le poivre, le bouquet garni et les queues de persil. Versez de l'eau froide juste à hauteur. Lancez le **mode sous pression** pour 8 minutes.

**3.** Déposez le panier de pommes de terre sur le dessus du poulpe et prolongez la cuisson de 7 minutes.

**4.** Sortez le panier de pommes de terre puis égouttez le poulpe. Découpez-le en bouchées et disposez-les avec les pommes de terre sur un plat de service. Arrosez d'huile, parsemez du hachis d'ail et de persil puis relevez de pimentón. Servez tiède ou froid.

*Astuce : si vous utilisez des tentacules frais, mettez-les au congélateur une nuit pour les attendrir. Le jour même, laissez décongeler le poulpe avant de le cuire.*

## INGRÉDIENTS

25 cl de crème liquide

5 gousses d'ail
3 c. à s. de crème épaisse

Ciboulette fraîche

2 l de moules

4 échalotes
60 g de beurre

1 poivron rouge

Persil frais
2 citrons

# MOULES À LA CRÈME D'AIL ET PERSIL

**4 PERSONNES**

10 MIN — 8 MIN

€

GRAND CLASSIQUE

EXPRESS

SANS GLUTEN

**1.** Versez dans le Cookeo le lait avec les gousses d'ail pelées et coupées en deux. Lancez le **mode sous pression** pour 5 minutes, puis débarassez et mixez avec la crème épaisse et la ciboulette ciselée.

**2.** Nettoyez les moules et rincez-les. Dans le Cookeo sur le **mode dorer,** faites revenir les échalotes ciselées dans le beurre avec le poivron coupé en petits cubes.

**3.** Ajoutez les moules, mélangez et versez le vin blanc. Lancez le **mode sous pression** pour 3 minutes.

**4.** Servez avec la crème d'ail, du persil haché et quelques quartiers de citron.

*Astuce : pour un plat plus complet, servez avec des pommes de terre vapeur.*

## INGRÉDIENTS

1 kg de coques

350 g de spaghettis

3 gousses d'ail

2 échalotes

3 c. à s. d'huile d'olive

25 cl de vin blanc

2 citrons

Persil frais

# SPAGHETTIS AUX COQUES

## 4 PERSONNES

5 MIN 9 MIN 4 H

€€

EXPRESS

RECETTE WAOUH

**1.** Au moins 4 heures avant de débuter la préparation, faites tremper les coques dans de l'eau froide pour les débarrasser de leur sable.

**2.** Placez les spaghettis dans la cuve du Cookeo et versez 85 cl d'eau. Lancez le **mode sous pression** pour la moitié du temps indiqué sur le paquet. Débarrassez et réservez les pâtes au chaud.

**3.** Dans le Cookeo sur le **mode dorer**, faites revenir l'ail et les échalotes dans l'huile, puis versez les coques égouttées. Après 2 minutes de cuisson, versez le vin blanc et lancez le **mode sous pression** pour 2 minutes.

**4.** Versez les spaghettis cuits pour bien les enrober et servez avec un peu de persil.

*Astuce : pour une version plus chic, optez pour des palourdes de Méditerranée.*

# PAËLLA EXPRESS

## 4 PERSONNES

10 MIN 15 MIN

€€

EXPRESS

SANS GLUTEN

TOUR DU MONDE

## INGRÉDIENTS

1/2 l de palourdes

1/2 l de moules

4 encornets

300 g de crevettes décortiquées

8 grosses langoustines

100 g de chorizo
20 cl de vin blanc
200 g de riz
150 g de petits pois écossés
1 poivron rouge
1 oignon
2 gousses d'ail
4 pincées de safran
Huile d'olive

**1.** Faites tremper les palourdes dans de l'eau froide pour les nettoyer, et nettoyez les moules si besoin.

**2.** Faites cuire le riz selon les indications préenregistrées dans le Cookeo. Réservez.

**3.** Dans le Cookeo sur le **mode dorer,** faites revenir les encornets, les crevettes et les langoustines dans 2 cuillerées à soupe d'huile pendant quelques minutes, puis réservez.

**4.** Versez les moules et les palourdes, faites revenir dans 2 cuillerées à soupe d'huile et versez le vin blanc. Fermez et lancez le **mode sous pression** pour 2 minutes.

**5.** Sur le **mode dorer,** faites revenir l'oignon ciselé et l'ail haché dans 2 cuillerées à soupe d'huile. Ajoutez les poivrons coupés en petits cubes, le chorizo coupé en dés et les petits pois. Après 3 minutes de cuisson, ajoutez le riz et le safran puis mélangez.

**6.** Mélangez délicatement avec les fruits de mer et prolongez la cuisson de 5 minutes.

## INGRÉDIENTS

600 g de haricots verts fins

Persil frais

400 g de chair à saucisse

1 douzaine de gros encornets nettoyés

3 gousses d'ail

1 oignon

Le jus de 2 citrons
2 échalotes
4 c. à s. d'huile d'olive
Piques apéritif

# CALAMARS FARCIS ET HARICOTS VERTS

**4 PERSONNES**

15 MIN 20 MIN

€€

RECETTE WAOUH

SANS GLUTEN

**1.** Placez les haricots verts équeutés dans le panier-vapeur du Cookeo et versez 20 cl d'eau dans la cuve. Lancez le **mode sous pression** pour 8 minutes, puis rafraîchissez dans un saladier d'eau froide.

**2.** Incorporez les échalotes ciselées et le persil haché à la chair à saucisse puis farcissez les encornets avec cette préparation. Refermez-les avec un cure-dents et assaisonnez l'extérieur.

**3.** Lancez le Cookeo sur le **mode dorer** et faites revenir dans 2 cuillerées à soupe l'ail haché et l'oignon ciselé. Ajoutez les haricots égouttés et faites revenir pendant 5 minutes.

**4.** Toujours sur le **mode dorer,** faites revenir les calamars dans le reste d'huile pendant 5 minutes. Arrosez de jus de citron et servez.

## INGRÉDIENTS

1,5 l de moules

Quelques noisettes de beurre

50 cl de crème fraîche épaisse

130 g de roquefort

Quelques brins de persil ciselé

# MOULES AU ROQUEFORT

**4 PERSONNES**

15 MIN · 10 MIN

€

EXPRESS

GRAND CLASSIQUE

SANS GLUTEN

**1.** Nettoyez les moules.

**2.** Dans la cuve du Cookeo, préparez la sauce au roquefort en faisant fondre un peu de beurre sur le **mode dorer.** Ajoutez la crème et le roquefort émietté. Mélangez pendant quelques minutes. Ajoutez du persil. Salez et poivrez puis réservez la sauce.

**3.** Rincez et nettoyez la cuve. Versez-y 20 cl d'eau et placez les moules dans le panier-vapeur. Lancez le **mode sous pression** pour 5 minutes.

**4.** Remettez les moules dans la cuve, arrosez-les avec la sauce au roquefort et parsemez du persil. Mélangez et servez sans attendre.

Moulinex
cookeo

# PLATS VÉGÉTARIENS & ACCOMPAGNEMENTS

## INGRÉDIENTS

1 pot de fromage de chèvre à tartiner

125 g de ricotta

1 oignon rouge

3 courgettes

4 œufs

Estragon frais

Pain de campagne
25 cl de crème liquide
3 c. à s. d'huile d'olive

# POÊLÉE DE COURGETTES AUX ŒUFS

**4 PERSONNES**

**5 MIN** **25 MIN**

**€**

**EXPRESS**

**1.** Réunissez le fromage de chèvre, la ricotta et la crème dans la cuve du Cookeo. Lancez le **mode dorer.** Mixez quand le fromage est fondu.

**2.** Sur le **mode dorer,** faites revenir dans l'huile l'oignon ciselé et les courgettes en cubes pendant 7 minutes. Versez 15 cl d'eau et salez. Lancez la **cuisson rapide** pour 5 minutes.

**3.** Formez 4 creux et cassez les œufs dedans. Lancez le **mode maintien au chaud** pour 10 minutes. Servez avec quelques brins d'estragon et du pain toasté.

## INGRÉDIENTS

3 courgettes
3 c. à s. d'huile d'olive

8 œufs

15 cl de crème liquide

1 c. à s. de pesto

80 g de pecorino râpé
Quelques feuilles de basilic frais ciselées

Roquette

# FRITTATA DE COURGETTE, PESTO ET PECORINO

**4 PERSONNES**

15 MIN — 8 MIN

€

EXPRESS

SANS GLUTEN

**1.** Râpez les courgettes avec une râpe à gros trous. Dans le Cookeo sur le **mode dorer,** faites revenir les courgettes dans l'huile pendant 5 minutes. Réservez.

**2.** Battez les œufs en omelette avec la crème, le pesto et le pecorino. Salez et poivrez. Versez les œufs battus dans la cuve. Ajoutez le basilic. Lancez le **mode sous pression** pour 3 minutes.

**3.** Retournez la cuve sur une assiette pour démouler la frittata. Servez accompagnée d'une salade de roquette.

*Astuce : pour une cuisson optimale et un démoulage plus facile, n'hésitez pas à utiliser le moule à gâteaux Cookeo, spécialement conçu pour votre appareil !*

# TORTILLA AUX POMMES DE TERRE ET POIVRONS

## INGRÉDIENTS

500 g de pommes de terre
Huile d'olive
2 oignons

200 g de poivrons en lamelles surgelés

6 œufs

15 cl de lait
1 pincée de piment d'Espelette

Quelques brins de ciboulette
Jeunes pousses de salade

**4 PERSONNES**

15 MIN — 18 MIN

€

SANS GLUTEN

TOUR DU MONDE

**1.** Pelez et coupez les pommes de terre en petits cubes. Dans le Cookeo sur le **mode dorer,** faites revenir les pommes de terre pendant 10 minutes avec un peu d'huile. Ajoutez les oignons émincés ainsi que les poivrons et poursuivez la cuisson pendant 5 minutes.

**2.** Battez les œufs avec le lait, le piment et la ciboulette ciselée. Salez et poivrez. Ajoutez le mélange pommes de terre-poivrons. Mélangez. Versez l'omelette dans la cuve du Cookeo huilée au préalable.

**3.** Lancez le **mode sous pression** pour 3 minutes. Retournez la cuve sur une assiette pour démouler la tortilla.

**4.** Servez accompagné d'une salade de jeunes pousses.

# TAJINE ALL GREEN ET BOULGOUR

## INGRÉDIENTS

2 c. à s. d'huile d'olive

1 oignon

200 g de pois gourmands

200 g de petits pois écossés

1 botte de blettes

1/2 chou chinois

200 g de boulgour

Menthe fraîche

1 cube de bouillon de légumes

1 c. à s. de curry

Coriandre fraîche

**4 PERSONNES**

10 MIN 15 MIN

€

EXPRESS

LIGHT

**1.** Dans le Cookeo sur le **mode dorer,** faites revenir dans l'huile l'oignon ciselé. Ajoutez les pois, les feuilles de blette, le chou émincé et le curry, et faites revenir pendant 3 minutes.

**2.** Ajoutez le cube de bouillon et 25 cl d'eau puis lancez la **cuisson rapide** pour 4 minutes.

**3.** Débarrassez la cuve et versez le boulgour. Complétez avec une fois et demie son volume d'eau et lancez la **cuisson rapide** pour 7 minutes.

**4.** Mélangez le boulgour avec les herbes fraîches et servez avec les légumes.

INGRÉDIENTS

1 aubergine

200 g de pois chiches

200 g de haricots rouges

2 oignons rouges

4 pains à burger
4 fines tranches de cheddar spécial burger
2 sucrines
1 pot de poivrons grillés
80 g de flocons d'avoine
3 c. à s. d'huile de tournesol
Persil frais
Sauce soja sucrée
Ketchup

# BURGERS VÉGÉTARIENS À L'AUBERGINE

**4 PERSONNES**

10 MIN — 11 MIN

€

EXPRESS

SPÉCIAL KIDS

**1.** Coupez des rondelles d'aubergine de 2 cm d'épaisseur et faites cuire en **cuisson rapide** pendant 4 minutes.

**2.** Réalisez les « steaks ». Placez dans le bol d'un mixeur les flocons d'avoine, les pois chiches et les haricots égouttés et rincés, l'oignon ciselé et le persil haché. Salez et mixez. Formez des « steaks » et placez au réfrigérateur. Égouttez les poivrons grillés et coupez en lamelles l'oignon restant.

**3.** Dans le Cookeo sur le **mode dorer**, faites revenir dans la moitié d'huile les rondelles d'aubergine pendant 1 minute puis versez la sauce soja de manière à les laquer.

**4.** Toujours sur le **mode dorer**, faites revenir dans l'huile restante les « steaks » pendant 3 minutes de chaque côté. Formez les burgers en disposant, dans l'ordre, le pain, le ketchup, la salade, les rondelles d'aubergine, le « steak », le fromage, les poivrons, les rondelles d'oignon et de nouveau le pain.

## INGRÉDIENTS

4 courgettes rondes

1/2 bouquet de coriandre fraîche

1 petite tranche de pain de seigle sans croûte

4 c. à s. de crème de soja cuisine

200 g de seitan

1 œuf (facultatif)

3 c. à s. de tamari (sauce soja japonaise)

3 c. à s. d'huile d'olive

# COURGETTES FARCIES AU SEITAN

**4 PERSONNES**

**15 MIN** **8 MIN**

**€**

**EXPRESS**

**LIGHT**

**1.** Découpez le haut des courgettes. Videz-les à l'aide d'une petite cuillère et réservez la chair. Rincez et effeuillez la coriandre.

**2.** Dans le bol d'un robot, hachez la chair de courgette avec la coriandre. Ajoutez le pain coupé en morceaux, la crème de soja, le seitan et éventuellement l'œuf, puis mixez en gardant un peu de texture. Ajoutez le tamari et poivrez. Farcissez les courgettes et remettez les chapeaux.

**3.** Dans le Cookeo sur le **mode dorer**, faites revenir les courgettes dans l'huile chauffée pendant 2 minutes.

**4.** Ajoutez 3 cuillerées à soupe d'eau. Lancez le **mode sous pression** pour 6 minutes.

## INGRÉDIENTS

4 c. à s. d'huile d'olive
3 gousses d'ail

4 cm de gingembre frais

4 c. à s. de pâte de curry douce
400 g de coulis de tomate

60 cl de lait de coco

300 g de courge
2 courgettes

400 g de haricots rouges

1 botte de blette
Coriandre fraîche

# COURGETTES AUX HARICOTS ROUGES, COURGE ET BLETTE

**4 PERSONNES**

10 MIN 15 MIN

€

EXPRESS
LIGHT
SANS GLUTEN

**1.** Dans le Cookeo sur le **mode dorer,** faites revenir dans l'huile l'ail haché, le gingembre frais râpé et la pâte de curry.

**2.** Versez le coulis de tomate, le lait de coco et 10 cl d'eau, puis portez à ébullition.

**3.** Ajoutez la courge coupée en cubes et les courgettes coupées en rondelles, puis lancez le **mode sous pression** pour 5 minutes.

**4.** Sur le **mode maintien au chaud** ajoutez les haricots rouges égouttés et les feuilles de blette. Mélangez et laissez reposer à couvert pendant 5 minutes. Servez avec un peu de coriandre ciselée.

*Astuce : vous pouvez ajouter 1 pincée de flocons de piment pour relever le curry si vous aimez les plats épicés.*

## INGRÉDIENTS



1 chèvre frais (type Petit Billy®)

25 cl de crème liquide

2 sachets de roquette (soit 200 g)

2 échalotes

200 g d'orge perlé

20 cl de vin blanc

3 c. à s. d'huile d'olive

# ORGE CRÉMEUX, ROQUETTE ET CHÈVRE FRAIS

**4 PERSONNES**

5 MIN · 25 MIN

€

RECETTE WAOUH

EXPRESS

**1.** Dans le Cookeo sur le **mode dorer,** faites fondre le chèvre dans la crème puis mixez et réservez.

**2.** Réservez 2 poignées de roquette et placez le reste dans le panier-vapeur du Cookeo. Versez 20 cl d'eau dans la cuve et lancez la **cuisson rapide** pour 5 minutes. Mixez la roquette cuite avec 3 cuillerées à soupe d'eau de cuisson et 1 pincée de sel.

**3.** Dans le Cookeo sur le **mode dorer,** faites revenir les échalotes ciselées dans l'huile puis ajoutez l'orge perlé. Déglacez au vin blanc et complétez avec 45 cl d'eau et 1 pincée de sel. Lancez la **cuisson rapide** pour 12 minutes.

**4.** Passez sur le **mode maintien au chaud** et ajoutez le coulis de roquette, les feuilles de roquette réservées et la crème de chèvre.

INGRÉDIENTS

60 g de pignons

400 g de haricots verts

400 g de haricots beurre

2 bouquets de basilic frais + quelques feuilles pour le service

4 c. à s. de parmesan râpé

10 cl d'huile d'olive

5 cl d'huile de tournesol

3 gousses d'ail

1 boîte de poivrons grillés

# HARICOTS AU PESTO ET POIVRONS GRILLÉS

**4 PERSONNES**

10 MIN 12 MIN

€

EXPRESS

SANS GLUTEN

**1.** Dans le Cookeo sur le **mode dorer,** torréfiez les pignons à sec.

**2.** Placez les haricots équeutés dans le panier-vapeur du Cookeo, versez 20 cl d'eau dans la cuve et lancez le **mode sous pression** pour 8 minutes.

**3.** Réalisez le pesto en mixant le basilic avec le parmesan, les huiles et la moitié des pignons. Salez et poivrez.

**4.** Dans le Cookeo sur le **mode dorer,** faites revenir les haricots égouttés avec l'ail haché, les poivrons égouttés et le reste des pignons.

**5.** Servez les légumes nappés de pesto et parsemez de quelques feuille de basilic.

BIBIMBAP À LA CORÉENNE

POÊLÉE DE HARICOTS AUX ABRICOTS ET MOZZARELLA

## INGRÉDIENTS

200 g d'edamame surgelés

150 g de courge

1 brocoli

2 carottes

2 petits concombres Noa

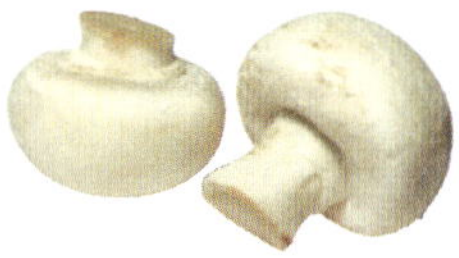

200 g de champignons
1 cl d'huile de sésame
2 c. à s. d'ail semoule
200 g de riz à sushi
10 cl de vinaigre de riz
4 c. à s. de sucre
1 bocal de kimchi
4 jaunes d'œufs
Sésame doré
Sauce soja

# BIBIMBAP À LA CORÉENNE

**4 PERSONNES**

20 MIN 20 MIN

€

TOUR DU MONDE

**1.** Coupez la courge en petits dés et le brocoli en bouquets. Placez-les dans le panier-vapeur du Cookeo et versez 20 cl d'eau dans la cuve. Lancez le **mode sous pression** pour 3 minutes, puis faites refroidirles brocolis. Coupez les carottes et les concombres en fins bâtonnets, puis émincez les champignons.

**2.** Dans le Cookeo sur le **mode dorer,** faites revenir les uns après les autres chaque légume dans un peu d'huile et d'ail en terminant par les carottes pendant 1 à 2 minutes.

**3.** Nettoyez la cuve et versez le riz rincé avec 25 cl d'eau. Enclenchez le **mode sous pression** pour 4 minutes, puis laissez gonfler encore 10 minutes à couvert, programme éteint. Mélangez le vinaigre, le sucre et 1 pincée de sel, puis versez sur le riz. Mélangez et servez dans 4 bols.

**4.** Disposez les légumes et le kimchi harmonieusement sur le riz, puis ajoutez les jaunes d'œufs. Saupoudrez le sésame et servez bien chaud, avec un peu de sauce soja.

*Astuce : vous pouvez personnaliser votre bibimbap à l'infini ! Il suffit de choisir vos légumes favoris.*

# POÊLÉE DE HARICOTS AUX ABRICOTS ET MOZZARELLA

**4 PERSONNES**

10 MIN 10 MIN

€

EXPRESS

LIGHT

SANS GLUTEN

**1.** Placez les haricots verts équeutés dans le panier-vapeur du Cookeo et lancez le **mode sous pression** pour 6 minutes avant de les rafraîchir.

**2.** Dans le Cookeo sur le **mode dorer**, faites revenir les abricots coupés en quartiers dans le miel.

**3.** Ajoutez les haricots égouttés, la mozzarella et les amandes concassées. Assaisonnez et servez aussitôt.

*Astuce : pour une version froide, servez cette poêlée en salade, assaisonnée d'une vinaigrette au vinaigre balsamique et à l'estragon.*

## INGRÉDIENTS

600 g de haricots verts

200 g d'abricots

2 c. à s. de miel

1 sachet d'amandes grillées

2 paquets de billes de mozzarella

Huile d'olive

## INGRÉDIENTS

300 g de riz basmati

250 g de tomates cerises multicolores

8 œufs

Menthe fraîche

5 baies de genièvre
1 c. à c. de cardamome en poudre
1 bâton de cannelle
60 g de beurre salé
4 clous de girofle
3 échalotes
3 cm de gingembre frais
2 doses de safran

# RIZ ÉPICÉ AUX ŒUFS ET AUX TOMATES CERISES

**4 PERSONNES**

5 MIN 15 MIN

€

EXPRESS

SANS GLUTEN

TOUR DU MONDE

**1.** Faites cuire le riz dans le Cookeo en suivant les indications préenregistrées et réservez.

**2.** Ciselez les échalotes et coupez les tomates cerises en deux.

**3.** Faites cuire les œufs pendant 4 minutes sur le **mode cuisson rapide.**

**4.** Sur le **mode dorer,** faites revenir dans le beurre fondu les tomates puis ajoutez les échalotes, les épices et le riz. Après 5 minutes de cuisson, ajoutez les œufs durs coupés en quartiers. Servez avec un peu de menthe fraîche.

# PATATES DOUCES À L'ORANGE ET PÉCAN

## 4 PERSONNES

10 MIN 14 MIN

€

EXPRESS

SPÉCIAL KIDS

SANS GLUTEN

## INGRÉDIENTS

800 g de patates douces

50 g de noix de pécan concassées

50 g de beurre

3 c. à s. de cassonade brune

10 cl de jus d'orange

**1.** Pelez les patates douces et coupez-les en cubes. Faites dorer les noix de pécan pendant 2 minutes dans une poêle antiadhésive en remuant à la spatule en bois.

**2.** Dans le Cookeo sur le **mode dorer,** faites revenir dans le beurre fondu les patates douces avec la cassonade pendant 2 minutes, puis ajoutez le jus d'orange. Salez et poivrez.

**3.** Lancez le **mode sous pression** pour 10 minutes.

**4.** Parsemez les noix de pécan au moment de servir.

# CAPONATA SICILIENNE

## 4 PERSONNES

15 MIN — 12 MIN

€

LIGHT

SANS GLUTEN

TOUR DU MONDE

## INGRÉDIENTS

2 tomates

1 branche de céleri

2 aubergines (environ 700 g)

1 c. à s. de raisins secs

1 c. à s. de câpres

1 c. à s. de pignons de pin

1 oignon

6 c. à s. de vinaigre balsamique

6 c. à s. d'huile d'olive

1 c. à c. de cassonade

Thym

**1.** Plongez les tomates pendant 1 minute dans de l'eau bouillante salée. Pelez et coupez-les en morceaux. Pelez l'oignon. Hachez-le ainsi que le céleri. Lavez les aubergines sans les peler. Coupez-les en petits cubes.

**2.** Dans le Cookeo sur le **mode dorer,** faites revenir dans l'huile chaude l'oignon avec le céleri pendant 2 minutes environ. Ajoutez les aubergines, le vinaigre et la cassonade, puis faites réduire le vinaigre presque à sec pendant 3 minutes environ. Ajoutez les tomates et les raisins.

**3.** Lancez le **mode sous pression** pour 7 minutes. Ajoutez les câpres et les pignons puis coupez la cuisson. Servez parsemé de thym.

## INGRÉDIENTS

1 chou-fleur

200 g de tofu fumé

3 œufs

6 c. à s. de sauce soja sucrée

3 cm de gingembre frais

3 gousses d'ail

Graines de sésame

Cébette

4 cl de vinaigre de riz

4 c. à s. de sucre en poudre complet

3 c. à s. de concentré de tomate

50 g de chapelure

3 c. à s. d'huile de tournesol

# CHOU-FLEUR ET TOFU FUMÉ AIGRE-DOUX

**4 PERSONNES**

**10 MIN** **12 MIN**

**€**

**EXPRESS**

**1.** Détaillez le chou-fleur en bouquets puis placez-le dans le panier-vapeur du Cookeo. Versez 20 cl d'eau dans la cuve et lancez la **cuisson rapide** pour 4 minutes.

**2.** Passez le chou-fleur cuit et le tofu coupé en cubes dans les œufs battus puis dans la chapelure pour les paner.

**3.** Dans le Cookeo sur le **mode dorer,** faites revenir les bouchées pendant 5 minutes dans l'huile.

**4.** Ajoutez l'ail haché et le gingembre râpé dans le Cookeo, puis versez le reste des ingrédients, à l'exception du sésame et de la cébette. Mélangez délicatement pour bien enrober les bouchées.

**5.** Faites réduire pendant 3 minutes, puis parsemez de sésame et de cébette ciselée au moment de servir.

## INGRÉDIENTS

3 c. à s. d'huile d'olive

1 gousse d'ail

4 aubergines

2 c. à soupe de concentré de tomate

20 cl de vin blanc

3 c. à s. de parmesan râpé

# AUBERGINES À LA PARMESANE

**4 PERSONNES**

10 MIN 13 MIN

€

GRAND CLASSIQU

SANS GLUTEN

TOUR DU MONDE

**1.** Dans le Cookeo sur le **mode dorer,** faites revenir dans l'huile l'ail et les aubergines coupées en morceaux pendant 5 minutes.

**2.** Ajoutez le concentré de tomate puis versez le vin et 15 cl d'eau. Assaisonnez et mélangez. Lancez le **mode sous pression** pour 8 minutes.

**4.** Saupoudrez de parmesan et mélangez avant de servir.

## INGRÉDIENTS

1 potimarron (environ 1 kg)

2 oignons rouges

2 c. à s. d'huile de tournesol

30 g de beurre

1 c. à c. rase de cinq-épices

4 c. à s. de sirop d'érable

# POTIMARRON BRAISÉ, ÉPICES ET SIROP D'ÉRABLE

**4 PERSONNES**

15 MIN 10 MIN

€

RECETTE WAOUH

SANS GLUTEN

**1.** Retirez les graines du potimarron et pelez uniquement les parties de peau abîmées. Coupez-le en morceaux. Pelez les oignons et coupez-les en quatre.

**2.** Dans le Cookeo sur le **mode dorer,** faites revenir dans l'huile et le beurre fondu les oignons pendant 3 minutes, puis ajoutez le potimarron, les épices, le sirop d'érable et 4 cuillerées à soupe d'eau. Salez et poivrez.

**3.** Lancez le **mode sous pression** pour 7 minutes.

*Astuce : si le jus ne laque pas suffisamment les légumes, repassez quelques minutes sur le* **mode dorer.**

## INGRÉDIENTS

250 g de courge butternut

200 g de kale

1 oignon

1 citron

3 c. à s. de tahin

1 petite boîte de pois chiches

3 c. à s. d'huile d'olive

# COURGE, KALE ET POIS CHICHES BRAISÉS

**4 PERSONNES**

10 MIN 12 MIN

€

EXPRESS

SANS GLUTEN

**1.** Épluchez et coupez la courge en cubes. Arrachez les tiges du kale puis hachez grossièrement ses feuilles. Pelez et hachez l'oignon. Pressez le citron. Dans un bol, diluez le tahin avec le jus de citron et 2 cuillerées à soupe d'eau.

**2.** Dans le Cookeo sur le **mode dorer,** faites revenir dans l'huile chauffée l'oignon, la courge et le kale pendant environ 4 minutes.

**3.** Salez puis ajoutez les pois chiches rincés et 10 cl d'eau. Lancez le **mode sous pression** pour 8 minutes.

**4.** Poivrez et servez arrosé du contenu du bol.

## INGRÉDIENTS

2 oignons

2 gousses d'ail

1 aubergine
2 c. à s. d'huile d'olive

1 c. à s. de pâte de curry ou de mélange d'épices masala

200 g de tomates concassées en conserve

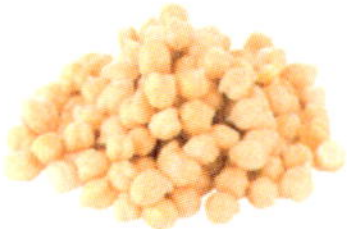

1 petite boîte de pois chiches (environ 400 g)

# CURRY D'AUBERGINE, POIS CHICHES ET TOMATES

**4 PERSONNES**

10 MIN 13 MIN

€

EXPRESS

SANS GLUTEN

**1.** Pelez et hachez les oignons et l'ail. Coupez l'aubergine en dés sans la peler.

**2.** Dans le Cookeo sur le **mode dorer** faites revenir dans l'huile les oignons avec l'aubergine et l'ail pendant 5 minutes.

**3.** Ajoutez la pâte de curry, les tomates et les pois chiches. Salez et poivrez. Lancez le **mode sous pression** pour 8 minutes puis servez.

## INGRÉDIENTS

2 oignons

2 gousses d'ail

500 g de patates douces

1 c. à s. de pâte de curry ou de mélange d'épices masala

100 g de lentilles corail

200 g d'épinards surgelés

10 cl de crème liquide entière

2 c. à s. d'huile d'olive

# CURRY DE PATATES DOUCES, LENTILLES ET ÉPINARDS

**4 PERSONNES**

10 MIN 15 MIN

€

SANS GLUTEN

TOUR DU MONDE

**1.** Pelez et hachez les oignons et l'ail. Pelez les patates douces et coupez-les en dés.

**2.** Dans le Cookeo sur le **mode dorer,** faites revenir dans l'huile chauffée les oignons avec les patates douces et l'ail pendant 3 minutes environ.

**3.** Ajoutez la pâte de curry, les lentilles, les épinards, la crème et 15 cl d'eau. Salez et poivrez. Lancez le **mode sous pression** pour 12 minutes.

*Astuce : vous pouvez saupoudrer le tout avec des oignons frits (en vente au rayon des salades ou en épicerie asiatique).*

# DHAL DE LENTILLES À LA COURGE

## INGRÉDIENTS

1 oignon émincé
1 c. à s. d'huile d'olive

400 g de courge butternut en cubes

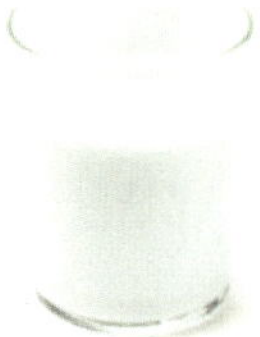

20 cl de lait de coco
60 cl de bouillon de volaille

2 c. à s. de curry en poudre

1 c. à s. de curcuma en poudre

250 g de lentilles corail

Quelques feuilles de coriandre fraîche

**4 PERSONNES**

15 MIN — 12 MIN

€

EXPRESS
SANS GLUTEN
TOUR DU MONDE

**1.** Dans le Cookeo sur le **mode dorer,** faites revenir l'oignon et l'huile pendant 3 minutes. Ajoutez les cubes de courge et poursuivez la cuisson pendant 3 minutes.

**2.** Ajoutez le lait de coco, le bouillon, les épices et les lentilles. Salez, poivrez et mélangez. Lancez le **mode sous pression** pour 6 minutes.

**3.** Au moment de servir parsemez de coriandre ciselée.

# TAJINE DE LÉGUMES
## AUX ÉPICES

### INGRÉDIENTS

2 oignons

2 courgettes

2 carottes

1 poivron

2 pommes de terre

1 c. à c. de mélange d'épices

50 g de pulpe de tomate en conserve

40 cl de bouillon de légumes

2 c. à s. d'huile d'olive

Coriandre fraîche

**4 PERSONNES**

15 MIN — 13 MIN

€

LIGHT

SANS GLUTEN

TOUR DU MONDE

**1.** Dans le Cookeo sur le **mode dorer**, faites revenir dans l'huile les oignons et les légumes émincés pendant 5 minutes. Assaisonnez.

**2.** Ajoutez la pulpe de tomate et les épices en mélangeant. Couvrez avec le bouillon. Lancez le **mode sous pression** pour 8 minutes.

**3.** Servez parsemé de coriandre fraîche ciselée.

## INGRÉDIENTS

2 brocolis

1/2 chou-fleur

1 poivron rouge

2 carottes

2 courgettes jaunes

Coriandre fraîche
80 g de raisins blonds secs
1 oignon rouge
Le jus de 1 citron
Persil frais
4 c. à s. d'huile d'olive
1 c. à s. de ras-el-hanout

# TABOULÉ DE BROCOLIS AUX LÉGUMES

**4 PERSONNES**

15 MIN / 10 MIN

€

EXPRESS
LIGHT
SANS GLUTEN

**1.** Hachez les têtes des brocolis et du chou-fleur.

**2.** Dans le Cookeo sur le **mode dorer,** faites revenir dans l'huile l'oignon rouge ciselé, le poivron, les carottes ainsi que les courgettes coupées en cubes. Assaisonnez de ras-el-hanout, de sel et de poivre, puis laissez dorer pendant 5 minutes en mélangeant de temps en temps.

**3.** Ajoutez les raisins, le brocoli et le chou-fleur haché puis complétez avec 15 cl d'eau. Laissez cuire, toujours sur le **mode dorer,** jusqu'à ce qu'il ne reste plus d'eau. Ajoutez le jus de citron et les herbes hachées au moment de servir.

*Astuce : pour aller plus vite, utilisez un robot pour hacher le chou-fleur et les brocolis.*

## INGRÉDIENTS

150 g de petit épeautre

4 courgettes

2 avocats mûrs

2 c. à s. de crème épaisse

Le jus de 1 citron

3 c. à s. d'huile d'olive

# SPAGHETTIS DE COURGETTES, AVOCAT ET PETIT ÉPEAUTRE

**4 PERSONNES**

5 MIN 24 MIN

€

EXPRESS

LIGHT

**1.** Placez le petit épeautre dans la cuve du Cookeo, versez 50 cl d'eau et lancez la **cuisson rapide** pour 20 minutes.

**2.** Formez des spaghettis de courgette à l'économe ou à la mandoline.

**3.** Mixez la chair des avocats avec la crème et la moitié du jus de citron puis assaisonnez. Réalisez une vinaigrette avec 2 cuillerées à soupe d'huile et le jus de citron restant.

**4.** Dans le Cookeo sur le **mode dorer**, faites revenir les spaghettis dans le reste d'huile pendant 3 minutes. Ajoutez l'épeautre. Poursuivez la cuisson pendant 1 minute.

**5.** Servez avec la vinaigrette et la crème d'avocat.

*Astuce : pour apporter un peu plus de couleur au plat, vous pouvez ajouter les grains d'une grenade en même temps que l'épeautre en fin de recette.*

## INGRÉDIENTS

500 g de pommes de terre

1 c. à s. d'huile d'olive

1 oignon émincé

20 cl de crème fraîche

1 reblochon

Salade verte

# TARTIFLETTE VÉGÉTARIENNE

**4 PERSONNES**

15 MIN 18 MIN

€

GRAND CLASSIQUE

SANS GLUTEN

SPÉCIAL KIDS

**1.** Pelez les pommes de terre et coupez-les en rondelles de 5 mm environ.

**2.** Dans le Cookeo sur le **mode dorer,** faites revenir l'oignon dans l'huile pendant 3 minutes. Ajoutez les pommes de terre. Poursuivez la cuisson pendant 5 minutes.

**3.** Ajoutez la crème et 5 cl d'eau. Salez, poivrez et mélangez. Lancez le **mode sous pression** pour 10 minutes.

**4.** Versez la tartiflette dans un plat allant au four et posez par-dessus le reblochon coupé en deux dans le sens de l'épaisseur. Faites gratiner pendant quelques minutes sous le gril du four.

**5.** Servez accompagné d'une salade verte.

## INGRÉDIENTS

2 échalotes

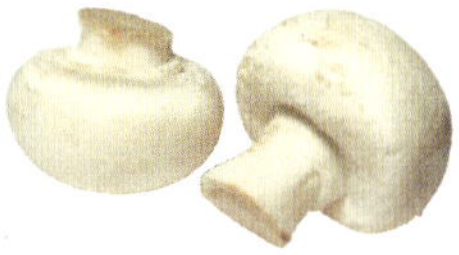

300 g de champignons

2 blancs de poireaux

200 g de crozets

25 cl de vin blanc

20 cl de crème liquide allégée

200 g de comté
2 c. à s. d'huile de tournesol

# CROZIFLETTE POIREAUX-CHAMPIGNONS

**4 PERSONNES**

**10 MIN** **16 MIN**

**€**

**EXPRESS**

**GRAND CLASSIQUE**

**1.** Dans le Cookeo sur le **mode dorer,** faites revenir les échalotes ciselées dans l'huile puis ajoutez les champignons émincés.

**2.** Après 3 minutes de cuisson, ajoutez les poireaux et les crozets. Faites revenir encore 3 minutes et versez le vin blanc. Laissez s'évaporer 1 minute puis ajoutez la crème et 40 cl d'eau. Salez, poivrez et lancez la **cuisson rapide** pour 9 minutes.

**3.** Pendant ce temps, râpez les trois quarts du fromage puis mélangez-le aux crozets une fois cuits. Servez en gratin avec quelques copeaux de comté.

*Astuce : vous pouvez terminer le gratin en le passant pendant quelques minutes au un four sur le mode gril.*

## INGRÉDIENTS

50 g de riz

5 courgettes

10 cl de crème d'amande

50 g d'amandes effilées

2 c. à s. de ciboulette fraîche ciselée

# COURGETTES À LA CRÈME D'AMANDE

**4 PERSONNES**

**10 MIN** **12 MIN**

**€**

**EXPRESS**

**LIGHT**

**SANS GLUTEN**

**1.** Déposez dans la cuve du Cookeo le riz et les courgettes coupées en rondelles, assaisonnez, couvrez avec 50 cl d'eau et mélangez. Lancez le **mode sous pression** pour 12 minutes.

**2.** Retirez le surplus d'eau, ajoutez la crème, les amandes et remuez doucement. Servez parsemé de ciboulette.

*Astuce : vous pouvez faire griller vos amandes à sec dans une petite poêle, ou directement dans la cuve propre du Cookeo, sur le* **mode dorer.**

INGRÉDIENTS

1 tête de brocoli ou 400 g de brocolis surgelés

4 pommes de terre

30 g de beurre

100 g de gorgonzola à la crème

20 cl de bouillon de légumes

# BROCOLI ET POMMES DE TERRE AU GORGONZOLA

**4 PERSONNES**

10 MIN 8 MIN

€

EXPRESS

SANS GLUTEN

**1.** Si vous utilisez du brocoli frais, séparez-le en fleurettes. Pelez les pommes de terre et coupez-les en gros dés.

**2.** Dans le Cookeo sur le **mode dorer,** faites revenir dans le beurre fondu les pommes de terre et le brocoli pendant 1 minute.

**3.** Émiettez le gorgonzola avec les doigts au-dessus des légumes puis ajoutez le bouillon. Salez et poivrez. Lancez le **mode sous pression** pour 7 minutes.

## INGRÉDIENTS

200 g de brie

20 cl de crème liquide entière

1 échalote

200 g de champignons de Paris bruns

200 g de semoule moyenne

20 cl de vin blanc

4 c. à s. d'huile d'olive

1 cube de bouillon de volaille

# SEMOULE AUX CHAMPIGNONS ET CRÈME DE BRIE

**4 PERSONNES**

5 MIN — 15 MIN

€

EXPRESS

RECETTE WAOUH

**1.** Dans le Cookeo sur le **mode dorer,** faites fondre le brie sans la croûte et coupé en petits morceaux dans la crème. Mixez. Débarrassez et nettoyez la cuve.

**2.** Dans le Cookeo sur le **mode dorer,** faites revenir l'échalote dans l'huile puis ajoutez les champignons. Après 5 minutes de cuisson, versez la semoule et faites revenir pendant 1 minute.

**3.** Déglacez avec le vin blanc puis complétez avec 40 cl d'eau et le cube de bouillon. Lancez la **cuisson rapide** pour 5 minutes.

**4.** Enclenchez le **mode maintien au chaud** et incorporez la crème de brie.

# RISOTTO CÈPES ET FROMAGE FUMÉ

**4 PERSONNES**

15 MIN 1 H 20 MIN

€€

RECETTE WAOUH

SANS GLUTEN

## INGRÉDIENTS

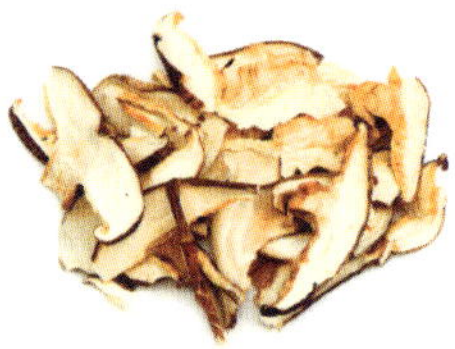

30 g de cèpes secs

2 échalotes

75 g de fromage fumé (type scamorza)

200 g de riz rond complet

10 cl de vin doux type muscat

1 cube de bouillon de légumes ou de volaille

2 c. à s. d'huile d'olive

**1.** Mettez les cèpes à gonfler pendant 1 heure dans un bol avec 30 cl d'eau bouillante. Égouttez-les, hachez-les finement, puis filtrez l'eau de trempage dans une petite passoire tapissée d'une feuille de papier absorbant placée au-dessus d'un petit saladier. Pelez et hachez les échalotes. Râpez le fromage fumé.

**2.** Dans le Cookeo sur le **mode dorer,** faites revenir les échalotes dans l'huile avec les cèpes pendant 3 minutes environ. Ajoutez le riz, mélangez bien, puis versez le vin et faites-le réduire de moitié pendant 2 minutes environ.

**3.** Ajoutez l'eau de trempage des cèpes, 35 cl d'eau chaude et le cube de bouillon émietté. Lancez le **mode sous pression** pour 15 minutes.

**4.** Incorporez la scamorza au risotto et poivrez. Si nécessaire, refermez le couvercle du Cookeo pendant quelques minutes pour que le riz finisse d'absorber le bouillon.

# RISOTTO AUX ASPERGES

**INGRÉDIENTS**

1 botte d'asperges vertes
Huile d'olive

300 g de riz Arborio

1 échalote ciselée
75 cl de bouillon de légumes

20 cl de crème fraîche liquide

2 c. à s. de parmesan râpé

**4 PERSONNES**

15 MIN 25 MIN

€

GRAND CLASSIQUE

RECETTE WAOUH

SANS GLUTEN

**1.** Rincez et taillez les asperges. Placez-les dans le panier-vapeur du Cookeo. Versez 20 cl d'eau au fond de la cuve et faites cuire les asperges pendant 2 minutes en **mode sous pression.**

**2.** Rincez la cuve. Dans le Cookeo sur le **mode dorer,** faites revenir dans un peu d'huile d'olive le riz et l'échalote pendant 3 minutes. Ajoutez le bouillon, salez et poivrez. Lancez le **mode sous pression** pour 15 minutes.

**3.** Passez en **mode maintien au chaud.** Ajoutez la crème fraîche et le parmesan, mélangez puis ajoutez les asperges. Restez sur le **mode maintien au chaud** jusqu'au moment de servir.

## INGRÉDIENTS

1 oignon

1 poivron rouge

1 grosse boîte de haricots rouges (environ 800 g)

200 g de maïs en conserve

400 g de tomates concassées en conserve

1 c. à s. de mélange d'épices mexicain

2 gousses d'ail
Tabasco® (facultatif)
4 c. à s. d'huile d'olive

# CHILI VÉGÉTARIEN

**4 PERSONNES**

10 MIN 15 MIN

€

SANS GLUTEN

SPÉCIAL KIDS

TOUR DU MONDE

**1.** Pelez l'oignon et l'ail, puis émincez-les. Ouvrez le poivron, retirez les graines et les membranes blanches, puis coupez-le en dés. Rincez et égouttez les haricots et le maïs.

**2.** Dans le Cookeo sur le **mode dorer,** faites revenir dans l'huile chauffée l'oignon avec le poivron et l'ail pendant 3 minutes environ.

**3.** Ajoutez les tomates, les épices, les haricots et le maïs. Salez. Lancez le **mode sous pression** pour 12 minutes.

**4.** Relevez le chili de Tabasco® selon les goûts.

**Astuce :** *servez avec des chips de tortilla.*

# SEITAN FAÇON PORC AU CARAMEL ET RIZ SAUTÉ

BLÉ À LA TOMATE, CITRON CONFIT ET FETA

INGRÉDIENTS

150 g de riz complet

200 g de pois gourmands

200 g de courge butternut

1 poivron rouge

3 cm de gingembre frais

2 paquets de seitan
3 c. à s. d'huile de tournesol
2 c. à s. de sauce soja
4 c. à s. de sirop d'agave
2 c. à s. de sucre complet
1 citron vert

# SEITAN FAÇON PORC AU CARAMEL ET RIZ SAUTÉ

**4 PERSONNES**

5 MIN 15 MIN

€

EXPRESS

RECETTE WAOUH

**1.** Versez le riz dans le Cookeo, couvrez d'eau et lancez la **cuisson rapide** pour la moitié du temps indiqué sur le paquet.

**2.** Placez les pois gourmands dans le panier-vapeur du Cookeo et versez 20 cl d'eau dans la cuve. Lancez la **cuisson rapide** pour 3 minutes puis rafraîchissez les pois gourmands à l'eau froide.

**3.** Dans le Cookeo sur le **mode dorer,** faites revenir dans la moitié de l'huile la courge et le poivron coupés en cubes avec le gingembre râpé. Ajoutez le riz et les pois gourmands puis faites revenir pendant 3 minutes. Assaisonnez de sauce soja puis débarrassez.

**4.** Toujours sur le **mode dorer,** faites revenir le seitan tranché dans le reste d'huile puis versez le sirop d'agave et le sucre. Laissez réduire pendant 2 minutes. Servez le seitan laqué avec le riz sauté et quelques quartiers de citrons verts.

*Astuce : vous pouvez varier la recette en utilisant du tofu à la place du seitan.*

# BLÉ À LA TOMATE, CITRON CONFIT ET FETA

**4 PERSONNES**

10 MIN — 8 MIN

€

EXPRESS

SPÉCIAL KIDS

**1.** Dans le Cookeo sur le **mode dorer**, faites revenir dans la moitié de l'huile l'oignon ciselé.

**2.** Versez le blé et faites revenir pendant 1 minute avant d'ajouter le coulis de tomate, le cube de bouillon, le thym, le citron confit et 70 cl d'eau. Lancez la **cuisson rapide** pour 5 minutes.

**3.** Mixez la feta avec le yaourt pour obtenir une texture crémeuse puis mélangez le reste d'huile avec le jus du citron et un peu de thym. Servez le blé avec la crème de feta, l'huile au citron et quelques câpres.

*Astuce : vous pouvez également ajouter quelques tomates séchées en morceaux au moment de servir pour plus de gourmandise !*

## INGRÉDIENTS

200 g de blé

40 cl de coulis de tomate

Thym

1 citron confit

200 g de feta

4 c. à s. de yaourt à la grecque

4 c. à s. d'huile d'olive

1 oignon

1 cube de bouillon de légumes

Câpres à queue

Le jus de 1 citron

# POLENTA À LA PATATE DOUCE, CHEDDAR ET THYM

**INGRÉDIENTS**

500 g de patates douces

1 l de lait demi-écrémé

50 g de beurre

Cumin

1 c. à c. de coriandre moulue

2 brins de thym

200 g de polenta instantanée

200 g de cheddar

**4 PERSONNES**

5 MIN 23 MIN

€

EXPRESS

SPÉCIAL KIDS

SANS GLUTEN

**1.** Placez les patates douces coupées en petits morceaux dans le panier-vapeur du Cookeo. Versez 20 cl d'eau dans la cuve et programmez pour 13 minutes de **cuisson rapide.** Réduisez en purée fine au mixeur.

**2.** Versez le lait, le beurre, les épices et le thym dans la cuve du Cookeo sur le **mode dorer.** Portez à ébullition, ajoutez la purée de patate douce et versez la polenta en pluie, tout en mélangeant.

**3.** Fermez avec le couvercle et lancez la **cuisson rapide** pour 8 minutes. Saupoudrez le cheddar au moment de servir.

# RIZ AUX LENTILLES À LA LIBANAISE

**INGRÉDIENTS**

120 g de lentilles vertes du Puy

2 oignons
Huile d'olive

1/2 cuillère à café de graines de cumin

1/2 cuillère à café de cannelle

1/2 cuillère à café de curcuma

120 g de riz basmati
250 ml de bouillon de légumes
Quelques brins de ciboulette

**4 PERSONNES**

20 MIN 35 MIN

€

SANS GLUTEN

TOUR DU MONDE

**1.** Rincez les lentilles. Épluchez les oignons et émincez-les.

**2.** Dans le Cookeo sur le **mode dorer,** faites revenir les oignons dans un peu d'huile d'olive pendant 5 minutes.

**3.** Ajoutez les épices, le riz et les lentilles, et mélangez. Salez et versez le bouillon de légumes. Lancez le **mode sous pression** pour 8 minutes.

**4.** Saupoudrez de ciboulette ciselée au moment de servir.

## INGRÉDIENTS

200 g de riz basmati

1/4 de chou blanc

1 carotte
1 gousse d'ail
1 petit oignon
1/2 c. à c. de graines de moutarde
Huile d'olive

100 g de pousses d'épinard
1 yaourt à la grecque
1 c. à c. de jus de citron
1/2 c. à c. de graines de cumin
1/2 c. à c. de graines de coriandre
1/2 c. à c. de piment en poudre
1/2 c. à c. de curcuma en poudre
1/2 c. à c. de cumin en poudre
1 petit bouquet de coriandre
1/2 c. à s. de noix de coco râpée

# RIZ SAUTÉ À L'INDIENNE

**4 PERSONNES**

**20 MIN** **30 MIN**

**€**

LIGHT

SANS GLUTEN

TOUR DU MONDE

**1.** Faites cuire le riz en le déposant dans la cuve du Cookeo. Versez 32 cl d'eau. Lancez le **mode sous pression** pour 6 minutes. Réservez le riz après cuisson.

**2.** Coupez le chou en lamelles, pelez la carotte et taillez-la en bâtonnets puis pelez et hachez l'ail et l'oignon.

**3.** Dans le Cookeo sur le **mode dorer,** faites revenir les graines de moutarde dans un peu d'huile d'olive jusqu'à ce qu'elles éclatent. Ajoutez l'ail et l'oignon puis poursuivez la cuisson pendant 3 minutes. Ajoutez les carottes. Poursuivez la cuisson pendant quelques minutes et ajoutez un demi-verre d'eau.

**4.** Ajoutez le chou et poursuivez la cuisson pendant 10 minutes. Terminez en ajoutant les épinards. Remuez pendant quelques instants.

**5.** Mélangez le yaourt avec 1 pincée de sel, du poivre et le jus de citron.

**6.** Ajoutez le riz ainsi que les épices restantes dans la cuve. Salez et poivrez. Faites cuire pendant 5 minutes toujours sur le **mode dorer.** Servez le riz parsemé de coriandre ciselée et de noix de coco râpée, avec un peu de sauce au yaourt.

# PÂTES À LA TOMATE ET AU BASILIC

**INGRÉDIENTS**

1/2 bouquet de basilic

2 gousses d'ail

3 c. à s. d'huile d'olive

250 g de tomates cerises

200 g de pâtes type coquilles

1/2 cube de bouillon de légumes (facultatif)

**4 PERSONNES**

5 MIN 5 MIN

€

EXPRESS

GRAND CLASSIQUE

SPÉCIAL KIDS

**1.** Pelez l'ail et coupez-le en lamelles.

**2.** Dans le Cookeo sur le **mode dorer**, faites blondir dans l'huile chauffée l'ail pendant 1 minute.

**3.** Ajoutez les tomates, les pâtes, 60 cl d'eau et éventuellement le cube de bouillon émietté. Lancez le **mode sous pression** pour 4 minutes.

**4.** Parsemez de basilic et replacez le couvercle du Cookeo pendant quelques minutes pour que les pâtes finissent d'absorber le bouillon.

## INGRÉDIENTS

1 c. à c. de fécule de maïs

2 c. à c. de moutarde anglaise (type savora®)

40 cl de lait

300 g de macaronis coupés

150 g de cheddar râpé

# MAC & CHEESE FONDANT

**4 PERSONNES**

**5 MIN** **9 MIN**

**€**

EXPRESS

SPÉCIAL KIDS

TOUR DU MONDE

**1.** Dans un saladier, délayez la fécule avec la moutarde, puis ajoutez petit à petit le lait et 50 cl d'eau.

**2.** Mettez les pâtes et le contenu du saladier dans la cuve, salez et poivrez. Lancez le **mode sous pression** pour 4 minutes.

**3.** Ajoutez le cheddar et mélangez. Refermez le couvercle du Cookeo et passez sur le **mode maintien au chaud** pour 5 minutes, le temps que le fromage fonde et que les macaronis finissent de cuire.

## INGRÉDIENTS

1 botte de basilic

1 c. à s. de parmesan
+ pour le dressage

2 c. à s. de pignons de pin
+ quelques-uns
pour le dressage

4 c. à s. d'huile d'olive
+ 1 filet

2 tomates

350 g de penne rigate

# PÂTES AU PESTO DE BASILIC

**4 PERSONNES**

15 MIN 10 MIN

€

EXPRESS

GRAND CLASSIQUE

TOUR DU MONDE

**1.** Préparez le pesto en mixant les feuilles de basilic avec le parmesan, les pignons de pin, l'huile d'olive, du sel et du poivre. Réservez.

**2.** Coupez les tomates en petits dés. Arrosez-les avec un filet d'huile d'olive puis parsemez un peu de sel et de poivre.

**3.** Mettez dans la cuve du Cookeo les pâtes avec 30 cl d'eau. Lancez le **mode sous pression** pour 8 minutes.

**4.** Égouttez les pâtes, remettez-les dans la cuve avec le pesto et lancez le **mode réchauffage** pour 2 minutes. Mélangez.

**5.** Servez les pâtes avec les dés de tomates. Saupoudrez du parmesan et de quelques pignons de pin.

INGRÉDIENTS

1/2 oignon

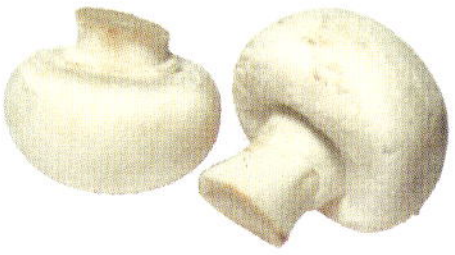

100 g de champignons de Paris

150 g de tofu ferme ou de seitan

2 c. à s. d'huile d'olive

400 g de tomates concassées en conserve

# SAUCE « BOLOGNAISE » VÉGÉTARIENNE

## 4 PERSONNES

15 MIN 15 MIN

€

LIGHT

SPÉCIAL KIDS

**1.** Pelez et hachez l'oignon. Coupez les champignons en quatre. Hachez grossièrement le tofu ou le seitan avec les champignons.

**2.** Dans le Cookeo sur le **mode dorer,** faites revenir l'oignon dans l'huile chauffée pendant 2 minutes. Ajoutez le hachis et faites revenir 3 minutes supplémentaires, le temps que l'eau des champignons s'évapore.

**3.** Salez, poivrez et ajoutez les tomates. Lancez le **mode sous pression** pour 10 minutes.

**Astuce :** *vous pouvez servir cette sauce avec des pâtes mais aussi sur du riz ou encore du blé pour varier les plaisirs.*

# DESSERTS & DOUCEURS

## INGRÉDIENTS

200 g de chocolat noir pâtissier

140 g de beurre demi-sel + pour le moule

4 œufs

100 g de sucre en poudre

100 g de farine

# FONDANT AU CHOCOLAT NOIR

**4 PERSONNES**

**10 MIN** **20 MIN**

**€**

EXPRESS

GRAND CLASSIQUE

SPÉCIAL KIDS

**1.** Passez le chocolat et le beurre pendant 1 minute 30 au four à micro-ondes pour les faire fondre. Fouettez les œufs avec le sucre et la farine, puis ajoutez le chocolat fondu. Mélangez.

**2.** Beurrez un moule de 20 cm de diamètre et versez-y la préparation. Déposez le moule dans le panier-vapeur du Cookeo. Versez 25 cl d'eau dans la cuve, puis déposez le panier dessus et recouvrez avec une assiette.

**3.** Lancez le **mode sous pression** pour 18 minutes. Laissez complètement refroidir le gâteau avant de le démouler.

*Astuce : pour une cuisson optimale et un démoulage plus facile, n'hésitez pas à utiliser le moule à gâteaux Cookeo, spécialement conçu pour votre appareil.*

## INGRÉDIENTS

3 œufs

1 yaourt nature

1 pot de sucre
1 pot d'huile

3 pots de farine

1 sachet de levure

1 c. à c. de vanille en poudre
Beurre

# GÂTEAU VANILLÉ AU YAOURT

**4 PERSONNES**

15 MIN — 25 MIN

€

**GRAND CLASSIQUE**

**SPÉCIAL KIDS**

**1.** Mélangez tous les ingrédients dans un saladier.

**2.** Versez 75 cl d'eau dans la cuve du Cookeo. Filmez le moule avec du film alimentaire spécial cuisson. Lancez le **mode sous pression** pour 25 minutes.

**3.** Démoulez le gâteau tiède.

*Astuce : pour une cuisson optimale et un démoulage plus facile, n'hésitez pas à utiliser le moule à gâteaux Cookeo, spécialement conçu pour votre appareil.*

## INGRÉDIENTS

3 œufs

200 g de sucre en poudre

200 g de farine

1 sachet de levure chimique

20 cl de crème liquide

3 c. à s. de cacao amer

# GÂTEAU ZÉBRÉ

**4 PERSONNES**

10 MIN · 45 MIN

€

**GRAND CLASSIQUE**

**SPÉCIAL KIDS**

**1.** Séparez les jaunes d'œufs des blancs. Fouettez les jaunes avec le sucre, la farine, la levure et la crème.

**2.** Montez les blancs en neige et incorporez-les à la préparation. Divisez la pâte en deux portions, puis incorporez le cacao dans l'une d'elles.

**3.** Versez 1 cuillerée à soupe de pâte nature au centre du moule puis 1 cuillerée à soupe de pâte au chocolat. Alternez ainsi jusqu'à remplir le moule.

**4.** Filmez-le avec du film alimentaire spécial cuisson et placez-le dans le panier-vapeur du Cookeo.

**5.** Versez 40 cl d'eau dans la cuve du Cookeo. Déposez le panier-vapeur dessus. Lancez le **mode sous pression** pour 45 minutes. Laissez tiédir avant de démouler.

*Astuce : pour une cuisson optimale et un démoulage plus facile, n'hésitez pas à utiliser le moule à gâteaux Cookeo, spécialement conçu pour votre appareil.*

## INGRÉDIENTS

100 g de spéculoos

50 g de beurre fondu

2 œufs

40 g de sucre

350 g de fromage à la crème type Philadelphia®

1 sachet de sucre vanillé

1 c. à s. de cassonade

1 c. à s. rase de farine

# CHEESECAKE CLASSIQUE

GRAND CLASSIQUE

RECETTE WAOUH

TOUR DU MONDE

**4 PERSONNES**

15 MIN · 14 MIN · 24 H

€

**1.** Préparez la base. Mixez les spéculoos avec la cassonade et le beurre. Pressez le mélange avec les doigts dans le fond d'un moule à charnière de 18 cm de diamètre en remontant légèrement sur les côtés.

**2.** Préparez la garniture. Dans un saladier, fouettez les œufs avec les sucres et la farine jusqu'à l'obtention d'un mélange mousseux. Incorporez le fromage. Remplissez le moule, recouvrez-le de film alimentaire spécial cuisson et déposez-le dans le panier-vapeur du Cookeo.

**3.** Versez 20 cl d'eau dans la cuve du Cookeo puis déposez dessus le panier-vapeur. Lancez le **mode sous pression** pour 14 minutes.

**4.** Laissez refroidir, puis placez le cheesecake au réfrigérateur au moins 24 heures avant de le démouler.

*Astuce : pour une cuisson optimale et un démoulage plus facile, n'hésitez pas à utiliser le moule à gâteaux Cookeo, spécialement conçu pour votre appareil.*

INGRÉDIENTS

200 g de framboises congelées

3 œufs

50 g de sucre en poudre

50 g de farine

20 cl de lait

Quelques noisettes de beurre

# CLAFOUTIS AUX FRAMBOISES

**4 PERSONNES**

10 MIN 18 MIN

€

EXPRESS

SPÉCIAL KIDS

**1.** Déposez les framboises au fond d'un moule beurré de 16 cm de diamètre.

**2.** Dans un récipient, battez les œufs avec le sucre, ajoutez la farine, mélangez, puis ajoutez le lait. Mélangez de nouveau.

**3.** Versez la préparation dans le moule, puis déposez-le dans le panier-vapeur du Cookeo. Versez 20 cl d'eau dans la cuve et lancez le **mode sous pression** pour 18 minutes. Servez tiède.

*Astuce : pour une cuisson optimale et un démoulage plus facile, n'hésitez pas à utiliser le moule à gâteaux Cookeo, spécialement conçu pour votre appareil.*

## INGRÉDIENTS

1 citron bio

60 g de farine

50 g d'amandes en poudre

3 œufs

130 g de sucre en poudre

3 c. à s. d'huile de tournesol

1 c. à c. de levure chimique

# GÂTEAU AU CITRON ET AUX AMANDES

**4 PERSONNES**

**10 MIN** **16 MIN**

**€**

**GRAND CLASSIQUE**

**SPÉCIAL KIDS**

**1.** Chemisez un moule à manqué de 18 cm de diamètre avec du papier cuisson.

**2.** Râpez 1 cuillerée à café de zeste puis pressez le citron. Tamisez la farine avec la levure et les amandes. Fouettez les œufs avec le sucre jusqu'à ce que le mélange soit très léger. Incorporez délicatement le mélange tamisé puis 3 cuillerées à soupe de jus de citron, le zeste et l'huile.

**3.** Remplissez le moule et déposez-le dans le panier-vapeur du Cookeo. Glissez trois feuilles de papier essuie-tout sous les poignées du panier pour empêcher la vapeur de retomber sur le gâteau.

**4.** Versez 20 cl d'eau dans la cuve du Cookeo puis déposez le panier-vapeur dessus. Lancez le **mode sous pression** pour 16 minutes.

*Astuce : pour une cuisson optimale et un démoulage plus facile, n'hésitez pas à utiliser le moule à gâteaux Cookeo, spécialement conçu pour votre appareil.*

CRUMBLE AUX POMMES

PETITS MOELLEUX À L'ABRICOT

INGRÉDIENTS

6 pommes

1 pincée de cannelle en poudre

1 c. à c. de vanille en poudre

150 g de farine de blé

150 g de cassonade

130 g de beurre demi-sel

# CRUMBLE AUX POMMES

## 4 PERSONNES

15 MIN 28 MIN

€

GRAND CLASSIQUE

SPÉCIAL KIDS

**1.** Pelez, évidez et coupez les pommes en cubes. Saupoudrez la cannelle et la vanille dessus. Mélangez. Placez les pommes dans le panier-vapeur du Cookeo, versez 20 cl d'eau dans la cuve et lancez le **mode sous pression** pour 8 minutes.

**2.** Préparez la pâte à crumble en mélangeant dans un saladier la farine et la cassonade. Ajoutez le beurre coupé en petits morceaux. Mélangez du bout des doigts afin de former une pâte sableuse.

**3.** Préchauffez le four à 200 °C, répartissez les pommes cuites dans un plat allant au four, émiettez la pâte sur le dessus et enfournez pour 20 minutes.

# PETITS MOELLEUX À L'ABRICOT

**6 PERSONNES**

15 MIN 20 MIN

€

**SPÉCIAL KIDS**

**1.** Dénoyautez les abricots et coupez-les en petits dés.

**2.** Dans un récipient, mélangez la farine avec la levure et la poudre d'amande. Dans un autre récipient, fouettez le beurre et le sucre pour obtenir une crème puis incorporez les œufs un par un. Incorporez le mélange farine-amandes.

**3.** Beurrez légèrement des petits moules à cake. Répartissez les dés d'abricot dans les moules et versez la préparation. Filmez les moules avec un film alimentaire spécial cuisson, et placez-les dans le panier-vapeur du Cookeo. Versez 20 cl d'eau dans la cuve et lancez le **mode sous pression** pour 20 minutes.

**4.** Laissez refroidir et démoulez les cakes.

## INGRÉDIENTS

5 abricots mûrs

140 g de farine

1 sachet de levure chimique
5 c. à s. de poudre d'amande

125 g de beurre demi-sel mou + quelques morceaux pour les moules

100 g de sucre en poudre

3 œufs

## INGRÉDIENTS

4 œufs + 1 jaune d'œuf

125 g de sucre en poudre

125 g de farine

1 sachet de levure chimique

20 cl de lait concentré sucré

75 cl de lait concentré non sucré

75 cl de crème liquide entière

1 c. à s. d'extrait de caramel

20 cl de crème fleurette (30 % de M.G.)

60 g de sucre glace

1 pot de confiture de lait

Beurre + farine pour le moule

# TRES LECHES CAKE

**4 PERSONNES**

30 MIN 30 MIN

€

RECETTE WAOUH

SPÉCIAL KIDS

TOUR DU MONDE

**1.** Séparez les blancs des jaunes des 4 œufs. Montez les blancs en neige et, quand ils commencent à être fermes, ajoutez progressivement le sucre. Continuez à les monter encore 2 minutes, puis incorporez délicatement les jaunes ainsi que la farine et la levure tamisées.

**2.** Beurrez et farinez un moule de la taille du Cookeo, puis déposez un cercle de papier cuisson dans le fond. Filmez le tout avec du film alimentaire spécial cuisson, versez 25 cl d'eau dans la cuve du Cookeo et lancez le **mode sous pression** pour 30 minutes.

**3.** Versez dans le bol d'un mixeur les laits concentrés, la crème liquide, le jaune d'œuf et l'extrait de caramel. Mixez et placez au réfrigérateur.

**4.** Montez la crème fleurette bien froide en chantilly au batteur, puis ajoutez le sucre glace et réservez au réfrigérateur.

**5.** Laissez refroidir la génoise démoulée, puis coupez-la en deux. Imbibez les 2 disques de sauce aux laits concentrés, puis garnissez de confiture de lait et refermez. Masquez avec la crème chantilly et placez au réfrigérateur jusqu'au moment de servir.

*Astuce : pour un gâteau plus frais, vous pouvez remplacer la confiture de lait par des tranches de fruits frais. Pour la confiture de lait maison,* *reportez-vous à la page 420.*

## INGRÉDIENTS

4 œufs

1 boîte de lait concentré sucré

25 cl de lait entier

1 c. à s. de fécule de maïs

5 fruits de la Passion

# FLAN RENVERSÉ PASSION

**4 PERSONNES**

10 MIN 15 MIN 3 H

€

RECETTE WAOUH

SANS GLUTEN

**1.** Dans un saladier, fouettez les œufs avec les laits et la fécule. Ajoutez la pulpe des fruits de la Passion. Mélangez et versez dans un moule antiadhésif de 16 cm de diamètre. Déposez-le dans le panier-vapeur du Cookeo.

**2.** Versez 25 cl d'eau dans la cuve du Cookeo puis déposez le panier-vapeur dessus. Lancez le **mode sous pression** pour 15 minutes.

**3.** Laissez refroidir et réservez 3 heures au minimum au réfrigérateur avant de démouler.

*Idée : pour une saveur plus originale, vous pouvez ajouter ½ fève tonka râpée à la préparation en même temps que la pulpe de fruits.*

INGRÉDIENTS

50 cl de lait entier

1 gousse de vanille
Huile d'olive (pour le moule)

6 œufs
(6 jaunes et 3 blancs)

170 g de sucre en poudre

3 c. à s. de caramel liquide

70 g de pralin en grains

# ÎLE FLOTTANTE CARAMEL ET PRALIN

**4 PERSONNES**

10 MIN  15 MIN

€

EXPRESS

GRAND CLASSIQUE

SANS GLUTEN

**1.** Versez le lait et la gousse de vanille fendue dans le Cookeo et lancez le **mode dorer** pour porter le tout à ébullition. Coupez et fermez avec le couvercle pour laisser infuser.

**2.** Graissez un moule de la taille du Cookeo et disposez un disque de papier cuisson au fond.

**3.** Retirez la gousse de vanille du lait. Séparez les blancs des jaunes d'œufs et versez les jaunes battus avec 70 g de sucre dans la cuve. Faites épaissir sur le **mode dorer** jusqu'à ce que la crème nappe bien la spatule. Ajoutez le caramel liquide et placez la crème anglaise au réfrigérateur.

**4.** Montez 3 blancs en neige. Quand ils sont assez fermes, incorporez le sucre restant en plusieurs fois. Répartissez dans le moule préparé et versez 20 cl d'eau dans la cuve du Cookeo. Faites cuire pendant 3 minutes en **cuisson rapide.** Enrobez le blanc monté avec le pralin et servez avec la crème anglaise bien froide.

INGRÉDIENTS

170 g de chocolat au lait spécial dessert

4 œufs

# MOUSSES AU CHOCOLAT AU LAIT

**4 PERSONNES**

15 MIN 3 MIN 3 H

€

GRAND CLASSIQUE

SANS GLUTEN

SPÉCIAL KIDS

**1.** Dans le Cookeo sur le **mode dorer,** faites fondre le chocolat cassé en petits morceaux pendant 3 minutes en mélangeant régulièrement. Retirez de la cuve et laissez tiédir.

**2.** Cassez les œufs en séparant les jaunes des blancs et disposez-les dans deux saladiers. Battez les blancs en neige très ferme.

**3.** Versez peu à peu le chocolat fondu sur les jaunes d'œufs en mélangeant énergiquement. Ajoutez un tiers des blancs en neige, puis incorporez délicatement le reste en soulevant la préparation de bas en haut pour bien répartir le chocolat sans faire tomber les blancs.

**4.** Faites prendre la mousse pendant 3 heures minimum au réfrigérateur, dans 4 verrines.

INGRÉDIENTS

1/2 mangue

3 blancs d'œufs

40 g de sucre en poudre

25 cl de crème liquide entière

# PANNA COTTA À LA MANGUE

**4 PERSONNES**

5 MIN · 8 MIN · 4 H

€

RECETTE WAOUH

SANS GLUTEN

**1.** Épluchez la mangue et coupez-la en petits dés. Mixez rapidement les blancs avec le sucre, la crème et la moitié de la mangue sans chercher à faire mousser.

**2.** Versez dans des ramequins. Recouvrez chacun de film alimentaire spécial cuisson et déposez-les dans le panier-vapeur du Cookeo.

**3.** Versez 20 cl d'eau dans la cuve du Cookeo puis déposez le panier-vapeur dessus. Lancez le **mode sous pression** pour 8 minutes.

**4.** Laissez refroidir puis réfrigérez pour 4 heures au minimum. Servez parsemé du reste de mangue.

*Astuce : vous pouvez doubler la recette en empilant les ramequins dans le panier-vapeur du Cookeo.*

INGRÉDIENTS

Caramel liquide

2 œufs

20 cl de lait concentré sucré

16 cl de lait concentré

100 g de Philadelphia®

1 c. à c. d'extrait de vanille

# PETITS FLANS AU CARAMEL

**4 PERSONNES**

5 MIN 15 MIN

€

EXPRESS

GRAND CLASSIQUE

SANS GLUTEN

**1.** Répartissez le caramel liquide dans des moules à flan et inclinez-les pour bien le répartir sur tous les côtés.

**2.** Dans un grand saladier, fouettez les œufs avec le reste des ingrédients jusqu'à l'obtention d'un appareil lisse.

**3.** Répartissez dans les moules puis placez-les dans le panier-vapeur du Cookeo. Filmez l'ensemble avec un film alimentaire spécial cuisson. Lancez la **cuisson rapide** pour 15 minutes.

*Astuce : vous pouvez aussi réaliser votre caramel dans le Cookeo. Versez 200 g de sucre en poudre et 60 cl d'eau dans la cuve du Cookeo et faites cuire sur le* **mode dorer** *pendant 7 minutes. Attention au nettoyage en revanche !*

## INGRÉDIENTS

5 jaunes d'œufs

70 g de sucre en poudre

1 sachet de sucre vanillé

1 c. à c. de vanille en poudre

50 cl de crème fraîche liquide

4 c. à s. de cassonade

# CRÈMES BRÛLÉES

**4 PERSONNES**

15 MIN — 15 MIN

€

EXPRESS

GRAND CLASSIQUE

SANS GLUTEN

**1.** Dans un saladier, fouettez les jaunes d'œufs avec les sucres et la vanille jusqu'à ce que le mélange blanchisse. Ajoutez progressivement la crème fraîche liquide et fouettez énergiquement.

**2.** Versez la préparation dans 4 ramequins. Versez 20 cl d'eau dans la cuve du Cookeo et placez les ramequins dans le panier-vapeur. Lancez le **mode sous pression** pour 10 minutes.

**3.** Versez 1 cuillerée à soupe de cassonade sur chaque ramequin et placez-les sous le gril du four jusqu'à ce que le sucre brunisse.

## INGRÉDIENTS

1 c. à s. de cacao

3 c. à s. de sucre en poudre

1,5 c. à s. de fécule de maïs

15 cl de lait

15 cl de crème liquide entière

# PETITS POTS DE CRÈME AU CHOCOLAT

**4 PERSONNES**

10 MIN · 8 MIN · 4 H

€

SPÉCIAL KIDS

SANS GLUTEN

**1.** Dans un saladier, mélangez les ingrédients secs au fouet puis ajoutez le lait et la crème petit à petit. Versez le mélange dans des ramequins ou des pots à yaourt en verre. Recouvrez chacun de film alimentaire spécial cuisson et déposez-les dans le panier-vapeur du Cookeo.

**2.** Versez 20 cl d'eau dans la cuve du Cookeo puis déposez le panier-vapeur dessus. Lancez le **mode sous pression** pour 8 minutes.

**3.** Laissez refroidir puis placez au réfrigérateur pour 4 heures au minimum.

**Astuce** *: attention, n'utilisez pas les couvercles en plastique des pots à yaourt, la chaleur les ferait fondre !*

## INGRÉDIENTS

6 fruits de la Passion

3 c. à s. de sucre roux en poudre

2 œufs

2 feuilles de gélatine (4 g)

12 cl de crème fleurette

# MOUSSES AUX FRUITS DE LA PASSION

**6 PERSONNES**

15 MIN 2 MIN 4 H

€

RECETTE WAOUH

TOUR DU MONDE

**1.** Faites tremper la gélatine dans un bol d'eau froide.

**2.** Prélevez le jus des fruits de la Passion en le filtrant à l'aide d'une passoire. Réservez les graines pour le dressage. Versez le jus dans la cuve du Cookeo avec 2 cuillerées à soupe de sucre et 1 cuillerée à soupe d'eau.

**3.** Séparez les blancs des jaunes d'œufs. Ajoutez les jaunes dans la cuve et faites cuire sur le **mode mijoter** pendant environ 2 minutes, en battant avec un fouet. Ajoutez la gélatine égouttée puis la crème, sans cesser de battre. Ôtez la cuve et laissez tiédir.

**4.** Battez les blancs d'œufs en neige avec le sucre restant. Incorporez la préparation aux fruits de la Passion sans cesser de battre.

**5.** Versez la préparation dans 6 ramequins individuels et laissez prendre au réfrigérateur pendant 4 heures au minimum. Décorez les mousses avec les graines réservées.

INGRÉDIENTS

### Pour le riz au lait

1 l de lait
+75 cl pour la fin de cuisson

250 g de riz rond spécial dessert

75 g de sucre en poudre

1 c. à c. de vanille en poudre

### Pour le caramel

80 g de sucre

20 cl de crème liquide

40 g de beurre demi-sel

# RIZ AU LAIT, CARAMEL AU BEURRE SALÉ

**6 PERSONNES**

20 MIN 25 MIN

€

RECETTE WAOUH

SPÉCIAL KIDS

SANS GLUTEN

**1.** Placez tous les ingrédients du riz au lait dans la cuve du Cookeo, à l'exception des 75 cl de lait. Lancez le **mode sous pression** pour 10 minutes.

**2.** À la fin de la cuisson, ajoutez le lait réservé et répartissez la préparation dans des petits verres. Placez au réfrigérateur.

**3.** Préparez le caramel au beurre salé. Dans la cuve du Cookeo nettoyée, versez le sucre. Faites cuire sur le **mode dorer** pendant environ 15 minutes. Ajoutez la crème liquide doucement, (en faisant bien attention aux éclaboussures !) Mélangez et ajoutez le beurre coupé en petits morceaux.

**4.** Versez le caramel dans un pot. Ajoutez-le au dernier moment sur le riz au lait.

## INGRÉDIENTS

4 poires mûres mais fermes

4 c. à s. de Nutella®

2 c. à s. de pralin en grains

# POIRES EN PAPILLOTE AU NUTELLA®

**4 PERSONNES**

10 MIN — 6 MIN

€

**EXPRESS**

**SPÉCIAL KIDS**

**1.** Pelez les poires entières en laissant la queue. Retirez un chapeau à chacune d'elles puis évidez-les sans percer le fond.

**2.** Déposez 1 cuillerée à soupe de Nutella® dans chaque poire. Remettez le chapeau et posez chacune sur un carré de papier cuisson de 30 cm de côté. Repliez le papier autour des poires et déposez-les dans le panier-vapeur du Cookeo.

**3.** Versez 25 cl d'eau dans la cuve du Cookeo puis déposez le panier-vapeur dessus. Lancez le **mode sous pression** pour 6 minutes.

**4.** Servez tiède, parsemé de pralin.

*Astuce : pour encore plus de gourmandise, servez avec 100 g de chocolat noir fondu avec 3 cuillerées à soupe de crème liquide.*

# RIZ AU LAIT COMME UN BOUNTY®

**4 PERSONNES**

10 MIN — 15 MIN

€

EXPRESS

SANS GLUTEN

TOUR DU MONDE

## INGRÉDIENTS

180 g de riz rond

45 cl de lait de coco

100 g de sucre en poudre

10 cl de lait

130 g de chocolat noir dessert

25 g de beurre

Copeaux de noix de coco

2 noix de coco entières

**1.** Rincez le riz rond et versez-le dans la cuve du Cookeo. Complétez avec le lait, le lait de coco et le sucre. Mélangez et lancez le **mode sous pression** pour 11 minutes.

**2.** Ouvrez les noix de coco en deux et récupérez l'eau qui s'y trouve (à déguster pour une boisson fraîche et saine !)

**3.** Dans le Cookeo sur le **mode dorer,** faites chauffer le lait, puis ajoutez le chocolat haché et faites-le fondre. Terminez avec le beurre.

**4.** Servez le riz au lait dans les demi-noix de coco avec un peu de coulis au chocolat et quelques copeaux de noix de coco.

## INGRÉDIENTS

50 cl de lait entier +3 c. à s.
65 g de sucre en poudre

1 gousse de vanille
25 g de fécule de maïs

40 g de crème épaisse
20 g de beurre

200 g de rhubarbe

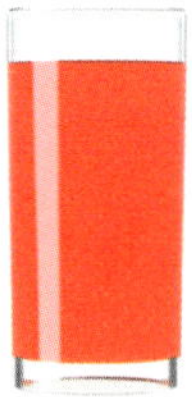

1 c. à s. de grenadine

50 g de pistaches

100 g de raisins

# CRÈME VANILLE AUX FRUITS D'ÉTÉ ET PISTACHES

**4 PERSONNES**

10 MIN 20 MIN

€

EXPRESS

SANS GLUTEN

**1.** Dans le Cookeo sur le **mode dorer,** portez à ébullition le lait, le sucre et la gousse de vanille grattée. Laissez infuser pendant 10 minutes dans le Cookeo éteint.

**2.** Mélangez 3 cuillerées à soupe de lait avec la fécule de maïs et ajoutez à la préparation à la vanille. Relancez le **mode dorer** et mélangez vivement jusqu'à épaississement de la crème. Incorporez la crème épaisse et versez dans des bols avant de placer au réfrigé-rateur.

**3.** Dans le Cookeo sur le **mode dorer,** faites revenir dans le beurre la rhubarbe coupée en morceaux. Après 2 minutes, ajoutez la grenadine mélangée à 2 cuillerées à soupe d'eau et faites réduire pendant 1 minute.

**4.** Servez les crèmes avec des éclats de pistache, la compotée de rhubarbe et quelques grains de raisin frais.

*Astuce : pour une version chocolatée, ajoutez au lait 50 g de cacao en poudre dès le début de la recette.*

# COMPOTE DE POMMES ET MYRTILLES

INGRÉDIENTS

750 g de pommes

200 g de myrtilles

50 g de sucre en poudre

1/2 c. à s. d'extrait de vanille

**4 PERSONNES**

10 MIN 6 MIN 2 H

€

EXPRESS

SANS GLUTEN

TOUR DU MONDE

**1.** Épluchez et coupez les pommes en dés. Placez-les dans la cuve du Cookeo avec 5 cl d'eau, les myrtilles, le sucre et la vanille. Mélangez. Lancez le **mode sous pression** pour 6 minutes.

**2.** Mixez les fruits et versez la compote dans 4 ramequins.

**3.** Placez au réfrigérateur au moins 2 heures avant de servir.

Moulinex
cookeo

## INGRÉDIENTS

8 nectarines mûres

4 c. à s. de miel

1 pincée de cannelle en poudre

Quelques feuilles de menthe fraîche + pour le dressage

# SOUPE DE NECTARINES À LA MENTHE

**4 PERSONNES**

10 MIN 6 MIN

€

EXPRESS

SPÉCIAL KIDS

SANS GLUTEN

**1.** Épluchez les nectarines et coupez-les en petits morceaux. Réservez quelques morceaux pour le dressage.

**2.** Placez les morceaux de nectarine dans la cuve du Cookeo avec le miel, la cannelle, quelques feuilles de menthe et 20 cl d'eau. Lancez le **mode sous pression** pour 6 minutes.

**3.** Répartissez la soupe dans des verrines et réservez au réfrigérateur pendant quelques heures.

**4.** Au moment de servir, ajoutez quelques feuilles de menthe ciselées.

INGRÉDIENTS

2 pommes Golden

300 g de cerises

4 prunes rouges

6 figues séchées

2 c. à s. de sarrasin grillé

# COMPOTE DE POMMES, PRUNES ET CERISES

**4 PERSONNES**

10 MIN · 7 MIN

€

EXPRESS

LIGHT

SANS GLUTEN

**1.** Pelez les pommes et lavez le reste des fruits. Coupez-les en morceaux et dénoyautez les cerises et les prunes.

**2.** Placez tous les ingrédients à l'exception du sarrasin dans le panier-vapeur du Cookeo.

**3.** Versez 20 cl d'eau dans la cuve et lancez le **mode sous pression** pour 7 minutes. Mixez et ajoutez le sarrasin.

*Astuces : agrémentée de fruits secs et de graines, cette compote est un vrai dessert complet, également idéal le matin ou au goûter ! N'hésitez pas à utiliser des cerises congelées déjà dénoyautées.*

INGRÉDIENTS

1 boîte de 370 g de lait concentré sucré

# CONFITURE DE LAIT

**4 PERSONNES**

1 MIN · 25 MIN

€

EXPRESS

SPÉCIAL KIDS

SANS GLUTEN

**1.** Retirez le papier entourant la boîte de lait concentré sucré et placez-la dans la cuve du Cookeo.

**2.** Recouvrez complètement d'eau et lancez le **mode sous pression** pour 25 minutes.

**3.** Laissez refroidir avant d'ouvrir.

*Astuce : servez avec des crêpes, pour un goûter gourmand !*

# INDEX THÉMATIQUE

## EXPRESS

**Plus de 120 recettes gourmandes et complètes, à réaliser en moins de 30 minutes, préparation et cuisson comprises ! Avec ça, plus d'excuse pour ne pas préparer de bons petits plats maison, même en semaine !**

## SANS GLUTEN

**Que vous soyez totalement intolérant, ou que vous ayez juste décidé de mieux surveiller votre alimentation, voici une sélection de recettes pour vous régaler au quotidien sans gluten.**



**En cas d'intolérance sévère, vérifiez toujours les étiquettes des produits que vous achetez, certains en apparence inoffensifs (épices ou cubes de bouillon par exemple) pouvant tout de même contenir des allergènes.**

## LIGHT

**Qui a dit que repas léger devait nécessairement rimer avec plats fades et insipides ? Régalez-vous sans culpabilité grâce à plus de 35 recettes légères et saines !**



## RECETTE WAOUH

**Un dîner improvisé entre amis ? Un déjeuner du dimanche en famille ? Pas d'idées pour régaler vos convives comme il se doit ? Pas de panique ! Grâce à la sélection « Waouh », vous impressionnerez à coup sûr vos invités de l'entrée au dessert, et sans stress !**



## SPÉCIAL KIDS

**Des recettes adaptées aux papilles exigeantes de vos bambins : équilibrées et complètes, elles feront de vous la star incontestée de la maison !**

## GRAND CLASSIQUE

**Des recettes intemporelles qui ont fait leurs preuves, à réaliser avec votre Cookeo : une valeur sûre pour régaler toute la tablée !**



## TOUR DU MONDE

**Envie de voyager sans quitter votre cuisine ? Découvrez de nouvelles saveurs venues des quatre coins du monde et préparez-vous à en prendre plein les papilles !**

# INDEX
# PAR INGRÉDIENT

## Q-R



## S

## TABLE DES ÉQUIVALENCES FRANCE-CANADA

### Poids

| | | | | | |
|---|---|---|---|---|---|
| 55 g | 2 onces | 200 g | 7 onces | 500 g | 17 onces |
| 100 g | 3 onces | 250 g | 9 onces | 750 g | 26 onces |
| 150 g | 5 onces | 300 g | 10 onces | 1 kg | 35 onces |

Ces équivalences permettent de calculer le poids à quelques grammes près (en réalité, 1 once = 28 g).

### Capacités

| | | | |
|---|---|---|---|
| 25 cl | 1 tasse | 75 cl | 3 tasses |
| 50 cl | 2 tasses | 1 l | 4 tasses |

Pour faciliter la mesure des capacités, une tasse équivaut ici à 25 cl (en réalité, 1 tasse = 8 onces = 23 cl).

**CRÉDITS TEXTES :**

© Séverine Augé :
pages 14, 16, 18, 22, 23, 24, 30, 32, 34, 36, 86, 90, 98, 99, 100, 118, 122, 128, 130, 132, 134, 142, 144, 146, 148, 152, 156, 157, 158, 194, 196, 198, 200, 234, 254, 260, 268, 276, 278, 280, 282, 288, 294, 296, 300, 302, 304, 308, 309, 310, 316, 332, 334, 338, 344, 354, 355, 356, 388, 392, 398, 410, 412, 418, 420.

© Pauline Dubois :
pages 40, 42, 44, 46, 48, 50, 54, 58, 66, 70, 112, 160, 162, 164, 168, 170, 172, 174, 176, 178, 180, 184, 188, 190, 192, 204, 206, 208, 210, 218, 219, 220, 222, 224, 230, 236, 238, 240, 242, 244, 246, 250, 256, 258, 264, 265, 284, 290, 292, 328, 336, 348, 258, 360, 366, 374, 380, 386, 387, 394, 400, 404, 406, 414, 416.

© Noémie André :
pages 26, 28, 38, 52, 56, 60, 62, 64, 68, 72, 74, 76, 78, 80, 84, 88, 92, 94, 102, 104, 106, 108, 110, 114, 116, 120, 124, 126, 136, 138, 140, 150, 166, 182, 186, 212, 214, 226, 228, 232, 248, 252, 266, 270, 272, 274, 298, 312, 314, 318, 320, 322, 324, 326, 330, 340, 342, 346, 350, 362, 364, 368, 372, 376, 378, 382, 390, 396, 402, 408.

**CRÉDITS PHOTOGRAPHIQUES :**

© Delphine Constantini (stylisme de Séverine Augé) :
pages 40, 42, 44, 46, 48, 50, 54, 58, 66, 70, 112, 160, 162, 164, 168, 170, 172, 174, 176, 178, 180, 184, 188, 190, 192, 204, 206, 208, 210, 218, 219, 220, 222, 224, 230, 236, 238, 240, 242, 244, 246, 250, 256, 258, 264, 265, 284, 290, 292, 328, 336, 348, 258, 360, 366, 374, 380, 386, 387, 394, 400, 404, 406, 414, 416.

© Charly Deslandes (stylisme de Séverine Augé) :
pages 91, 147, 235.

© Amandine Honegger (stylisme de Sylvie Rost) :
pages 27, 29, 39, 53, 57, 61, 63, 65, 69, 73, 75, 77, 79, 81, 85, 89, 93, 95, 103, 105, 107, 109, 111, 115, 117, 121, 125, 127, 137, 139, 141, 151, 167, 183, 187, 213, 215, 227, 229, 233, 249, 253, 267, 271, 273, 275, 299, 313, 315, 319, 321, 323, 325, 327, 331, 341, 343, 347, 351, 363, 365, 369, 373, 377, 379, 383, 391, 397, 403, 409.

© Fabrice Veigas (stylisme de Pauline Dubois) :
pages 41, 43, 45, 47, 49, 51, 55, 59, 67, 71, 113, 161, 163, 165, 169, 171, 173, 175, 177, 179, 181, 185, 189, 191, 193, 205, 207, 209, 211, 216, 221, 223, 225, 231, 237, 239, 241, 243, 245, 247, 251, 257, 259, 262, 285, 291, 293, 329, 337, 349, 359, 361, 367, 375, 381, 384, 395, 401, 405, 407, 415, 417.

Pauline Dubois souhaite remercier Little Shop of Colors (www.littleshopofcolors.eu)


ISBN : 978-2-03-596102-0

Photogravure IGS-CP, 16 L'Isle d'Espagnac
Imprimé en Espagne par Gráficas Estella
Dépôt légal : septembre 2018
322023/11 – 11042293 – décembre 2019